아이 때문에 미치지 말자

화, 안 낼 수는 없지만 줄일 수는 있습니다

아이 때문에 미치지 말자
화, 안 낼 수는 없지만 줄일 수는 있습니다

초판 1쇄 발행 2020년 9월 10일
초판 2쇄 발행 2020년 10월 5일

지은이 박선인
펴낸이 장길수
펴낸곳 지식과감성#
출판등록 제2012-000081호

표지일러스트레이션 윤주영
디자인 최지희
편집 최지희
교정 김연화
마케팅 고은빛

주소 서울시 금천구 벚꽃로298 대륭포스트타워6차 1212호
전화 070-4651-3730~4
팩스 070-4325-7006
이메일 ksbookup@naver.com
홈페이지 www.knsbookup.com

ISBN 979-11-6552-405-0(03590)
값 12,000원

ⓒ 박선인 2020 Printed in Korea

잘못된 책은 구입하신 곳에서 바꾸어 드립니다.
이 책의 전부 또는 일부 내용을 재사용하려면 사전에 저작권자와 펴낸곳의 동의를 받아야 합니다.

이 도서의 국립중앙도서관 출판예정도서목록(CIP)은 서지정보유통지원시스템
홈페이지(http://seoji.nl.go.kr)와 국가자료공동목록시스템(http://www.nl.go.kr/kolisnet)에서
이용하실 수 있습니다. (CIP제어번호 : CIP2020036342)

 홈페이지 바로가기

박선인 지음

아이 때문에 미치지 말자

화, 안 낼 수는 없지만 줄일 수는 있습니다

지식과감정

목차

추천의 글 • 8
프롤로그 • 11

아이 때문에 미치지 말자:
엄마 이해 편

눈치를 많이 보는 엄마의 숨은 이면 • 14
좋은 엄마의 숨은 이면 • 16
완벽한 엄마 불안한 아이 • 18
아이가 나를 화나게 하는 것 같지만 • 20

아이 때문에 미치지 말자:
아이 이해 편

미운 ○살로 바라보지 않기 • 24
중요하다면 중요한 것 • 25
잘못을 인정하지 않는 아이의 심리 • 27
뭐든 "엄마가, 엄마가 해 줘" 하는 아이의 심리 • 29
아이가 대답하지 않나요 • 31
소리 지르는 것에도 메시지가 있어요 • 32
무엇을 선택하시겠어요? • 33

아이의 의도 헤아려 보기 • **35**
엄마에게 수월히 협조하는 아이가 되도록 • **36**
뭐든 1등 해야만 하는 아이의 심리 • **40**
엄마가 너무 좋아서 그랬어 • **43**
아이에게 필요했던 것 • **44**
징징거리는 아이에게 화가 나나요 • **45**
도대체 '같이'는 어떤 의미예요? • **47**
"엄마, 이거 해도 돼요?"라고 자주 묻는 아이의 심리 • **48**
충격요법! • **52**
엄마는 되고 나는 왜 안 돼? • **54**
엄마 말을 왜 한 번에 안 들을까요 • **56**

아이 때문에 미치지 말자:
육아 팁

화에 담긴 메시지 • **60**
아이와의 시선 맞추기 • **61**
감정도 선택입니다 • **63**
나(self)는 화보다 큽니다 • **64**
미리 일러두기 • **65**
'집중'이란 단어를 사용해 보세요 • **66**
'자리'를 사용해 보세요 • **67**
해서는 안 되는 말 • **68**
아이의 '싫어'를 존중하기 • **69**
나를 꼭 붙든 생각 • **70**
견뎌 주기, 감당해내 보기 • **72**
하루를 어떻게 마무리하고 싶은가요 • **74**

대체 단어를 알려 주어요 • 75
속상할 때는 속상하다고만 해요 • 76
다르게 표현하기 • 77
달라지고 싶은 다음날을 위해 • 78
화내서 해결된다면 • 80
한계 시점에서 • 81
아이를 키우나요 로봇을 키우나요 • 83
말에도 훈련이 필요해요 • 84
꼭 하나 해야 한다면 • 85
눈으로는 얼마든지 봐도 돼 • 86
행동을 말로 할 수 있게 안내해 주세요 • 87
아이가 원했던 것은 • 88
이건 진짜 조심해야 해요 • 90
자는 시간, 아이가 시끄럽게 한다면 • 92
놓치기 쉽지만 놓쳐서는 안 돼요 • 93
훈육이 필요할 때와 그렇지 않을 때 1 • 94
훈육이 필요할 때와 그렇지 않을 때 2 • 96
훈육이 필요할 때와 그렇지 않을 때 3 • 98
같은 질문을 반복하는 아이에게 • 100
잠자리에서 아이의 요구사항에 화가 나나요? • 102
화난 아이 대하기 • 104
화를 잘 내는 아이, 이렇게 접근해 보세요 • 106
"엄마, 이거 해도 돼요?"라고 자주 묻는 아이를 대하는 팁 • 108
마무리가 안 되면 우는 아이 • 110
때리는 아이를 다루는 팁 • 112
장난감 빼앗는 아이, 어떻게 다룰까요 • 114
소리 지르는 아이에게 화가 나나요 • 118

'화' 줄이기 수단: 약속을 통해서 • **121**
'약속'을 통해 화를 줄여요 • **124**
화 줄이는 구체적 방법 • **126**
안 먹는 아이 밥 먹이기 프로젝트 • **128**
TV를 보여 줄 때 화 줄이기 • **130**
친구 초대해 놓고 서로 내 거라 싸우는 아이에 대한 화 줄이기 • **132**
형제자매의 질투, 싸움에 대한 화 줄이기 • **135**
동생을 괴롭히는 큰아이의 행동에 대한 화 줄이기 • **139**
양치할 때, 목욕할 때, 안 한다고 울고 도망 다니는 아이에 대한 화 줄이기 • **141**
"엄마도 좀 자자!" • **143**
자기 전 울거나 장난치는 아이, 재우는 데 오래 걸리는 아이에 대한 화 줄이기 • **145**
아이에 대한 한 가지 다짐 • **147**

아이 때문에 미치지 말자:
화 줄이기 실전 편

화 줄이기 실전 편 1 • **150**
화 줄이기 실전 편 2 • **152**
화 줄이기 실전 편 3: 목록 작성하기 • **154**
화 줄이기 실전 편 4: 목록 작성하기 • **157**
화 줄이기 실전 편 5: 목록 작성하기 • **160**
나의 화 줄이기: 목록 작성하기 • **163**

에필로그 • **164**

추천의 글

엄마와 아이는 본래 한 몸이었습니다.
엄마는 한 몸이었던 아이와 분리되는 고통을 겪으면서 두 사람으로 살아가는 동안 많은 시행착오를 겪습니다.
이 책에는 아이를 독립적인 새로운 인격체로 양육해 가는 세밀한 과정이 그려져 있습니다.
저자의 글에 녹아 있는 아이 양육에 대한 근거는
진실한 사랑입니다.
이 세상에 자신의 자식을 사랑하지 않는 부모가 어디 있겠습니까마는 부모의 그릇된 행동까지 사랑이었다, 훈육이었다라고 치부하거나 핑계할 수 없도록 사랑의 행동을 자세히 나누어서 알려 주고 있습니다.
이 책을 읽으면 엄마는 아이에게 거울이구나,
아이는 엄마가 말하는 대로 행동하는 대로
그대로 닮고 배워 가는구나,
하는 긴장을 할 수밖에 없게 만듭니다.
아이가 성장해 가는 과정이었음을 모르고

행동했던 것들에 대한 진한 반성을 하게 합니다.
필자는 아이와 같은 눈높이로 자신을 맞추고 아이와 함께 공감하며 결과보다는 이 행동을 해야만 했던 아이의 마음의 동기를 더 크게 더 깊게 들여다보는 사랑의 지혜를 가지고 있음을 알 수 있습니다.
아이의 속마음까지 읽을 수 있는 엄마의 사랑을 먹고 자란 아이는 다른 사람의 속마음을 헤아릴 수 있는 사람으로 성장해 갈 것입니다.
이 책은 지금은 어린 새싹인 아이들이 많은 사람을 깃들이게 하는 큰 나무로 성장하게 하는 선한 지침서입니다.
그리고 이 책은 필자가 아이를 키우며 느끼고 실제로 경험한 양육의 사랑을 세밀하게 잘 쪼개어서 실행한 것을 그대로 적어 놓은 일기 같은 것입니다.

나는 필자와 가장 가까이에서 매일의 삶을 보고 있는 사람이므로 필자가 이 책의 내용 그대로 진실하게 아이들을 사랑하고 양육하는 과정을 목격하고 있기에 이 책의 발간이 기쁘고 마음이 놓입니다.

이 책을 읽으면서 이미 할머니가 된 나로서는 자식들에게 이 책처럼 하지 못한 미안한 마음이 듭니다. 그러기에 이 책은 단지 현재 어린아이를 키우는 현직 부모들뿐 아니라 어른들의 인간관계까지 서로 용납하고 배려하고 사랑하게 만들 것입니다.

이 책은 읽는 우리 모두에게 겉으로 보여지는 것만이 아닌 진짜 속마음을 볼 수 있는 눈을 밝혀 줄 것임을 확신합니다.

『울고 있는 사람과 함께 울 수 있어서 행복하다』
『말하지 않아도 들리는 소리』

저자 **유정옥**

프롤로그

매일 밤, 잠든 아이를 쓰다듬으며 엄마는 말합니다
"엄마가 화내서 미안해"
"굳이 화내지 않아도 될 일인데 화를 냈던 것 정말 미안해"
"내일은 화내지 않을게"

하지만 다음 날도, 그다음 날도 엄마의 화는 반복됩니다

화내서 미안했고
화내지 않기로 다짐했는데
왜 아이에게 화가 날까요

같은 부분에서 아무리 말을 해도 듣지 않는 것 같나요?
그래서 화가 나나요?

그렇다면 이 책을 펴신 여러분께
길이 있다고 알려드리고 싶습니다

아이 때문에 미치지 맙시다
화를 안 낼 수는 없지만
분명 줄일 수는 있습니다

아이 때문에
미치지 말자

엄마 이해 편

눈치를 많이 보는
엄마의 숨은 이면

사람에게 자존감이 낮다고 말할 수 있는 여러 부분이 있지만
그중에서 '눈치를 많이 보는 엄마'에 대해 생각해 보려고 해요

타인의 눈치를 많이 본다는 뜻이 무엇일까요
기준이 나에게 있지 않고 타인에게 있다는 뜻이기도 하지요
내 생각보다는 타인의 생각을 우선시하기도 합니다
말하고 싶은 것이 있어도 타인의 기분을 먼저 고려하기에 선뜻
말할 용기가 나지 않습니다

눈치를 많이 보는 엄마에게서 자라나는 아이는 어떨까요
타인 눈 밖에 날까 아이를 다그치고 혼내는 비율이 큽니다
내 아이를 먼저 혼내게 됩니다
타인의 말에 흔들려 육아의 중심 잡기가 어렵습니다
아이 또한 다른 사람의 눈치를 살피게 될 확률이 높겠지요

눈치를 많이 본다는 뜻은 "내면의 불안함이 크다"라고 봐도 돼요
바로 '사랑받지 못할까 봐' '사람들이 나를 소외시킬까 봐' '거부되거나 버려짐을 당할까 봐'의 불안입니다
눈치를 보는 것은 타인을 존중할 줄 아는 지혜이기도 합니다
하지만 지나침은 아이를 아프게 해요

내 목소리를 내야 할 때는 용기 있게 내보시길 바랄게요
아무도 당신을 미워하거나 혼내지 않아요
그리고 아이도 용기 있는 엄마의 모습을 자랑스러워할 거예요

좋은 엄마의
숨은 이면

'좋은 엄마'가 되려고 하는 이유를 혹시 생각해 본 적 있나요? 그 이유 중 '내가 받지 못했기 때문에 아이에겐 좋은 엄마가 되어 주자'라고 하는 부분에 숨은 이면이 있음을 알아차릴 수 있으면 좋겠습니다

어린 시절에 결핍이 많았던 만큼 내 아이에겐
좋은 것으로만 채워 주고자 노력하는 마음은 충분히 좋은 마음이지만 마음처럼 따라와 주지 않는 현실에 자주 무너질 수 있어요
그래서 오히려 나에게 두려움(아이가 잘못될까 봐 혹은 나처럼 될까 봐)을 크게 주고 죄책감(내 아이에게 좋은 것을 주지 못한 것에 대한)을 크게 준답니다

아이에게 잘하고 있다고 생각되면 만족감이 크지만
혹여라도 엄마인 나를 거부하고 있다는 생각(밥을 안 먹는다, 말을 안 듣는다는 생각이 나를 거부한다고 느낌)이 오히려

엄마인 나를 아프게 합니다
좋은 엄마이고 싶은 마음은 크지만 따라 주지 않는 현실에 좌절감을 느끼고 되레 '화'의 감정이 나타나기 쉬워요

아이는 70%의 엄마의 사랑으로도 충분해요
얼마든지 잘 자라날 수 있어요
오히려 좌절과 상처를 견디는 힘을 지닐 거예요
화초에게 계속 햇볕만 쬐여 준다면 화초는 결국 죽고 말겠지요
바람과 비를 견딘 화초는 더욱 아름답고 풍성하게 자라날 거예요

그래서 너무 애쓰지 않으면 좋겠어요
좋은 엄마가 되려고 말이죠

완벽한 엄마
불안한 아이

정리가 완벽해야 마음을 놓는 엄마
아이가 흘리고 먹는 꼴을 못 보는 엄마
깔끔하게 먹여 주어야 속이 편한 엄마

'더 놀고 싶은데 엄마는 자꾸 치워요'
'엄마는 정리하면서 놀으라고 짜증 내요'
'마음껏 놀고 싶은데 엄마가 자꾸 치우니 그만 놀아야 할 것 같아요'
'나도 혼자 먹어 보고 싶은데 엄마가 자꾸 먹여 줘요'
'내가 혼자 먹는 날엔 흘리고 먹는다고 엄마는 짜증 내요'

아이는 무얼 하든 엄마 눈치가 보이기 시작합니다
한자리에 턱 하니 자리 잡고 앉아 있기가 불안합니다
엄마의 표정과 목소리가 따라다니는 것 같습니다

완벽은 허상이에요
완벽은 추구할수록 그 기준은 높아집니다

'괜찮아, 그럴 수 있어, 그렇게 해도 돼'라고 아이에게 말할 수 있으려면 자신을 먼저 허용해야겠지요
"괜찮아 ♡♡(자신의 이름)아~"
"이렇게 해도 그 누가 뭐라 하지 않아~"

아이가 나를
화나게 하는 것 같지만

몇 번을 불렀는데도 대답을 안 하거나 꿈쩍 않을 때
엄마 머리를 만지거나 몸의 부분을 만지다가 세게 잡거나 꼬집는 느낌을 받았을 때
아이니까 그럴 수 있다 하는 이해 차원을 넘어서
화가 난다면, 그것도 예민하게 화로 반응한다면

내 자신의 아픔일 가능성이 큽니다
'나를 무시하는 것 같은 무시감'이 크게 요동해서 그래요
어린 시절의 영향이 크거나 살아오면서 존재에 대한 무시나 거부감의 트라우마가 될 만한 강력한 사건이 있지 않은지 살펴보는 게 필요합니다

그리고 지금의 상황과는 구분 지어야 합니다
'아이는 나를 무시하거나 아프게 할 의도는 1도 없다'
'그때와 지금은 다르다'

'엄마가 좋은데 힘 조절이 되지 않는 아이어서 그렇다'
시제를 구분 못 하는 뇌에게 이렇게 말해 줘야 합니다

나를 힘들게 하는 감정으로부터 빠져나올 수 있게 되고 좀 더 이성적으로 현실을 바라볼 수 있게 될 것입니다

**아이 때문에
미치지 말자**

아이 이해 편

미운 ○살로
바라보지 않기

그저 하고 싶은 대로 하려고 하는 본능에 충실한 것뿐이에요 그저 자연스레 올라오는 욕구대로 하고자 하는 본능이 강한 것뿐이에요

그렇기에 '어떻게 엄마 말을 따르게 할 수 있을까'에 초점을 두면 좋겠어요

제 아들도 "네, 엄마!" 할 때가 얼마나 이쁘고 고마운지 몰라요 한 번 말해서 협조하고 순응했다면 이 행동을 칭찬하고 격려하는 것을 잊지 않으려고 해요

아이의 아이스러운 행동에 집중하면 '미운'이 더 크게 느껴지겠지만 아이니까 아이답다, 그럴 수 있다 생각을 바꾸면 '미운' 느낌에서 멀어질 거예요

중요하다면
중요한 것

상황

아내 "여보, 나 중요한 할 얘기가 있는데 여기 앉아 봐요"
남편 "뭔데? 그래, 얘기해 봐"
아내 "어쩌고저쩌고~~"
남편 "에이~ 그게 중요한 이야기야?
       (핸드폰 만지작거리며 집중하지 않는다)"
아내 "(한숨을 쉬며) 더 이상 얘기 안 할래 (방으로 들어가 버린다)"

아내는 어떤 감정을 느낄까요

내 이야기를 중요하게 생각해 주지 않는 남편에 대한 서운함이 들 것 같아요

내 이야기를 집중해서 들어 주는 것 같지 않아서

나는 남편에게 별로 중요한 존재가 아니구나 하는 생각도 들 수 있겠지요

나와 아이의 관계는 어떠한가요
"엄마, 이리 와 봐요, 내 이야기 좀 들어 봐요, 할 말이 있어요, 중요한 이야기예요"
엄마가 보기엔 중요해 보이지 않아도, 별것 아닌 것처럼 보여질지라도 아이에겐 정말로 중요한 일이고 정말로 진지한 일입니다
중요하게 바라봐 주고 진지하게 들어 주는 엄마의 태도에서 아이는 사랑받고 있음을, 자신이 중요하고 소중한 존재임을 느낄 수 있겠지요

한 번 더 귀 기울여 주고
한 번 더 같이 바라봐 주고
한 번 더 들어 주는 태도로

아이의 존재감, 자존감을 높여 주어야겠어요

잘못을 인정하지 않는
아이의 심리

아이가 잘못을 인정하지 않으려 할 때, 어떻게 대처하면 좋을까요
또 뻔히 보이는데도 잘못을 인정하지 않는 건 왜일까요

'자기중심적 사고'와 '아이의 의도'가 담겨 있어서 스스로는 잘못이라 생각지 못해서예요

"내가 하려고 했어요 (그래서 잘못이라 생각하지 않아요)"
"내가 가는 길에 이게 있었어요 (나는 내 갈 길을 간 거라구요)"

중요한 건 아이가 잘못을 인정하도록 하기 위해 아이와 힘겨루기를 해서는 안 된다는 거예요.
유연하게 넘기는 태도가 필요하죠

"그래? 그런 거구나"
"그래도 ♡♡가 바닥을 잘 살피고 걸으면 좋겠는걸"

"그런데 엄마는 ♡♡가 일부러 그런 행동을 한 것 같은 생각이 들었어"
"엄마 말이 맞는지 아닌지 한번 생각해 보면 좋겠어"

엄마의 입장, 생각을 흘려 주면 됩니다
아이가 성장하고 이성의 뇌가 점점 기능을 하면 스스로 알게 될 거예요

뭐든
"엄마가, 엄마가 해 줘" 하는
아이의 심리

1 엄마 의존도가 높은 경우

아이가 요구하기 전에 아이의 필요를 채워 주었거나 아이 스스로 해 보려는 것들의 시도를 엄마가 해 주겠다며 가로챈 적이 많을 때
'나는 엄마가 없으면 아무것도 못 해'
라는 생각으로 자아감이 약해집니다

→ 아이가 요구할 때를 기다립니다
아이가 요구하면 해결 가능한 것은 즉시 요구를 수용해 주세요
기꺼이 기쁨으로의 태도로 수용해 주는 것이 중요합니다
아이는 만족감(성취감)을 느낄 거예요

→ 스스로 해 볼 수 있겠다 싶은 것은 한 차례 내어 주세요
양말을 뒤집어 신어도 그대로 두세요
칫솔을 물어뜯더라도 스스로 치카해 보도록 말이지요

2 엄마를 곁에 붙여 놓고자 하는 경우

아이가 엄마를 원할 때 곁을 준 적이 별로 없다면
<u>스스로</u> 할 수 있다 해도 엄마를 찾습니다
어떻게든 엄마와 연결감을 갖고자 하는 본능인 것이죠
엄마를 부르고 엄마를 원하면 **기꺼이 기쁨으로** 곁을 내어 주는
것부터 시작입니다

아이가
대답하지 않나요

"♡♡야~"
아이를 불러도 대답도 않습니다
두세 번 더 부르다 엄마는 결국 폭발합니다

"엄마가 오라면 와야지 왜 그러고 있어!"

엄마가 왜 화가 났는지 아이는 모릅니다
엄마가 불렀을 때 그 즉시로 엄마한테 가야 한다는 것을 알지 못했습니다

엄마 말에 들은 척도 안 한다 화내지 마시고
아이에게 알려 주세요
이때는 아이 눈을 마주하고 **아이 눈**에 엄마의 말을 **꼭꼭 집어 넣어** 준다는 느낌으로 말합니다

"엄마가 ♡♡를 부르면 '네' 하고 엄마한테 오는 거야"

소리 지르는 것에도
메시지가 있어요

아직 말하지 못하는 어린 개월 수의 아이라면
소리 지르는 것이 하나의 표현이라는 점을 꼭 기억하면 좋겠습니다
아이가 소리 지르지 않고 말로 했다면 어떤 말을 했을까요
"빨리 먹고 싶은데 기다리기 힘들어요!"
"내 맘대로 안 돼서 짜증이 나요!"
"눈에 보이는 저거! 갖고 싶어요!"
하고 말하고 싶었을 거예요

아직 말이 안 되니 소리 지르는 것으로 표현하는 것이지요
소리 지르는 것에 담긴 메시지를 엄마가 말로 바꾸어 말해 주세요
"빨리 먹고 싶은데 기다리기가 힘들구나~!"
"네 마음대로 안 돼서 짜증이 났구나~!"
"아~ 이것이 갖고 싶구나~!"
엄마가 헤아려 주는 것을 아이가 많이 느끼면 소리 지르지 않고도 표현할 수 있게 됩니다

무엇을
선택하시겠어요?

아이들이 잠든 후 아이들 장난감을 박스에 잘 정리해서 줄지어 놓았습니다

다음 날 5살 아들이 방에서 시끌벅적합니다 그리고 엄마 들어와 보라 합니다
"짜잔~! 엄마 내가 정리했어요!"
서랍에 들어 있는 장난감을 모조리 빼어 저렇게 다 던져 놓고 쌓아 놓았습니다

   엄마의 뜻: 깔끔하게 정리하고 싶었던 것
   아이의 뜻: 나름대로의 정리가 하고 싶었던 것

엄마의 뜻이 처참히 꺾여 버립니다
이때의 반응은 두 개로 나뉘겠지요

– 평소 뜻대로 되지 않음에 화를 자주 내었던 엄마의 반응
  : "엄마가 다 정리해 놨는데 이게 뭐야!!!"

- 엄마 뜻이 비록 엉망이 되었지만 아이 입장을 헤아려 보고
  아이 의도를 생각하는 게 먼저일 때 반응
  : "이야~ 너도 엄마처럼 정리하고 싶었구나!"
  "장난감들이 다 한곳으로 모여 있구나!"

당신의 선택은 무엇인가요?

아이의 의도
헤아려 보기

거실로 나와 보니 강아지 배변판이 해체되어 있고 배변패드가 여기저기 널려 있어요
순간 버럭 하고 싶은 마음이 확~ 올라와서 한숨이 나왔습니다
혼내고 싶은 마음이 있었지만 아이 의도를 생각해 보니 혼낼 수는 없겠더라구요

엄마가 하는 것처럼 더러워진 패드를 갈아 보고 싶었던 선한 의도…

아이의 의도를 이해하면 화, 짜증을 줄일 수 있어요

엄마에게 수월히
협조하는 아이가 되도록

- 밥 먹이는 게 힘들어요
- 손 씻기 양치하기 목욕하기 옷 입기 등 기본 생활습관에 아이가 전혀 협조하지 않아요

이 두 가지로 씨름하고 계시나요

자신이 하고 싶어 하는 것만 하고 싶고
하기 싫은 것에 대한 거부는 아이의 특성상 자연스러운 일이에요

엄마는 하게 해야겠고
아이는 하기 싫어하고
이 갭을 어떻게 좁히고 조율하면 좋을까요

화내면 해결될까요
꼬시고 타이르면 될까요

물론 엄마도 참고 참다 화를 낼 수도 있고 이 방법 저 방법 써 보며 엄마 말을 듣게 할 수 있어요

우선적으로 살필 부분은
아이의 가장 좋아하고 원하는 욕구의 부분은 무엇인지 아는 것입니다
좋아하는 음식을 먹는 것일 수도
엄마에게서 사랑받는 것일 수도,
사랑을 확인하고 싶어 하는 여러 행동일 수도
무언가를 집중하며 이루어 내는 성취감일 수도
놀이(엄마와의 놀이도 포함)를 통한 즐거움과 만족감을 추구하는 것일 수도
자유롭게 무언가를 마음껏 해 보는 것일 수도 있어요

아이마다 욕구의 부분은 다르지만
아이의 그 욕구를 먼저 채워 주려는 노력이 선행되는 것이 중요해요
즉, 아이 마음에 좋아하는 것을 채워 넣으면 엄마에게 협조할 힘이 생긴답니다

반대로 아이가 원하는 것을 채우지 않고 지금 해야 하는 것들만 강조하면 아이는 엄마에게 협조할 마음의 힘이 약하거나 없어요

36개월 이후라면 아이와 시곗바늘을 통해 시간을 정해도 좋아요
아이 혼자서 무언가를 하기 원한다면 아이를 존중해 주고 20분 이상의 시간이 되었을 때 아이에게 말해 주세요
"엄마가 다시 들어오면 그때는 엄마가 하자는 것 하는 시간이야" 이때 아이는 "네"의 대답을 해야 합니다
욕구의 부분을 수용해 줄 때는 활짝 열린 수용의 말들로 기꺼이 수용해 주세요
"좋아! 그렇게 해! 그거 하면 정말 재밌겠다!"
그 시간을 오롯이 존중해 주세요
그리고 허락된 시간이 끝나고 엄마 말에 협조할 시간이 되면 그 기분 좋은 상태를 유지할 수 있게 아이를 안아서 혹은 놀이로 유도해 주세요
이때, 협조가 안 되는 아이를 마주하면 '엄마가 이만큼 하게 해 줬는데도 엄마 말을 따르지 않는 거야?' 화가 날 수 있어요
화를 낼 수도 있겠지만 가급적 기분 좋게 마무리까지 할 수

있게 여러 방법을 시도해 보세요

"♡♡가 이렇게 협조를 잘하다니~! 협조해 주니 금방 끝났네? 잘했어! 고마워!"라는 말도 덧붙여 주세요

뭐든 1등 해야만 하는
아이의 심리

뭐든 1등 해야만 하는 아이의 진짜 숨겨진 마음은 무엇일까요
– 최고라 인정받고 싶은 마음
– 잘했기 때문에 사랑받을 수 있다는 마음

반대로 1등 하지 못했을 때 생기는 아이의 마음은 무엇일까요
– 인정받지 못할 거야
– 사랑받지 못할 거야
– 결국 버림받을 거야

1등이 아니어도 괜찮다고 아이를 다독이고 타일러도 아이는 쉽게 받아들이지 못합니다
바로, 생존과 관련되어 있기 때문이에요
아이에겐 사느냐 죽느냐의 문제이기 때문이지요
이러한 아이를 대할 때는 아이의 마음으로 다가가야 합니다
나긋하고도 따뜻한 목소리로 말이지요
"1등 하지 못하면 사랑받지 못할까 봐 두려웠구나~ 근데 그

렇지 않아, 엄마는 여전히 언제나 너를 사랑하고 응원하고 있단다~"
엄마 품에 안겨서 울 땐 울음이 그칠 때까지 안아 주며 토닥여 주는 것이 중요해요
또한 아이를 마주하는 순간에 이러한 메시지를 자주 들려주는 것이 좋아요
1등이 아니어도 괜찮아,
블록을 쌓다가 무너져도 "괜찮아~ 다시 쌓으면 되지~"의 마음을 가질 수 있게 하는 힘은 아이 마음을 '공감'해 주는 것부터예요
그리고 칭찬보다는 지지와 격려가 더 필요해요
"할 수 있어!"
"그것 봐~ 해냈잖아!"
"지금으로도 충분해~"

사람의 욕구 부분으로 말하면(안전의 욕구, 사랑과 소속의 욕구, 힘(인정)의 욕구, 즐거움의 욕구, 자유의 욕구 -윌리암 글라써) 힘의 욕구가 크기 때문인데요
내가 인정받으면 '나(self)'가 살아 있음을 느껴요
반대로 1등 하지 않으면 '나(self)는 초라하고 쪼그라드는 기

분을 느껴요

엄마의 잘못된 양육태도가 이를 더 악화시킬 수 있어요

잘할 때는 박수를 치지만 아이의 실수와 부족함에 너그러움보다는 비난하고 다그치고 윽박지르는 모습이 많지는 않았나 하는 거예요

이러한 태도의 결과는

나는 못 해, 나는 부족해 ➡ '하지만 내가 잘할 때는 박수 받았으니 나는 기를 쓰고 잘해야만 해'의 심리가 작용해요

그래서 더욱 신경을 써야 하는 부분은

아이가 잘하지 못했을 때, 혹은 밥을 먹다가 흘렸을 때처럼 실수나 잘못에서 완벽(흘리지 말고 먹어야지)을 요구하지 않아야 합니다

엄마가
너무 좋아서 그랬어

아이가 소파에서 뛰어내리면서 제 어깨에 매달렸어요
순간 너무 아파서 그대로 말을 잇지 못했지요
왜 그런가 봤더니 아이의 손에 들린 미니카가 제 목을 찍었던 거예요
순간 욱~이 올라와서 불같이 화가 폭발할 것 같았지만 그대로 고개를 떨구었어요
화가 한풀 꺾이고 아이에게 말했어요
"소파에서 엄마에게로 뛰어내리면 엄마가 아파,
대신 엄마한테 오고 싶으면 엄마가 이렇게 팔 벌려서 안아 줄게" 했더니 아이가 환하게 웃으며 달려와 안겨요

엄마가 너무 좋아서 그랬대요
너무 좋아서 주체가 안 됐나 보다 생각 들어요
그래서 마음껏 할 수 있는 '품으로 와서 안기기'로 알려 줬어요
"이렇게요?" 하면서 몇 번이나 해 보는 녀석 앞에
불같이 화가 폭발했으면 어찌했을까 싶어요

아이에게
필요했던 것

하지 말란 말을 많이 하는 편인가요
엄마 말은 들은 척하지 않는 것 같나요
그럼 멈추어 생각해 볼게요
아이가 잘 놀고 있거나 말썽 피우지 않을 때에는 반응해 주지 않는 엄마, 하지 말라는 일만 골라 할 때는 반응해 주는 엄마
(그것이 무엇이든 아이는 엄마의 반응을 끌어내고 싶어 하죠)
그렇다면 답이 보입니다
아이는 엄마의 반응이 고프다는 걸요
이왕이면 아이에게 긍정 반응을 해 주는 것이 필요하다는 걸 말이지요
잘 놀고 있는 아이를 그냥 지나치지 마세요
냉장고에서 요구르트를 스스로 꺼내 먹은 아이를 그냥 지나치지 않는 거지요
"엄마 없이도 이렇게 잘 놀고 있다니~ 참 보기 좋아"
"요구르트를 혼자서도 꺼내 먹었구나~! 냉장고 열기 어려웠을 텐데 힘이 세졌는걸!"

징징거리는 아이에게
화가 나나요

먼저 아이에게 징징거림, 짜증이 왜 생길까를 생각해 볼게요
스트레스가 많거나 마음의 여유가 없을 때, 컨디션이 좋지 않을 때 어른인 저도 짜증이 나요
이를 욕구의 표현으로 바꾸면 안전의 욕구/사랑과 소속의 욕구/힘의 욕구/즐거움의 욕구/자유의 욕구(윌리암 글라써) 중 2가지 이상의 욕구가 충분히 채워지지 않았기 때문으로 봐도 좋아요

아이도 이런 측면으로 살펴본다면 '욕구의 결핍'이 주는 신호라 보면 되겠어요
수용받지 못한 적이 많다면
사랑받지 못하다고 느끼고 있다면(아이가 원하는 사랑과 엄마가 주는 사랑이 일치해야 아이는 사랑받고 있다고 느껴요)
허용의 범위가 크지 않다면
놀이에서 채워지는 만족감, 즐거움의 욕구가 충분하지 않다면
아이의 불안감이 높다면

아이가 원하는 욕구를 채워 주는 노력부터 해 주세요
이때 **'아이 말 되짚어 말하기'**가 큰 효과를 주어요
자신의 말이 수용받는다는 느낌을 크게 주기 때문이지요

'아, ○○ 말하는 거구나~!'
'아~ ○○ 해 달라는 말이었구나~!'

징징대는 아이에겐 훈육을 피해 주세요
왜 징징거리냐고 혼내고 화내는 비율을 낮춰 주세요
차라리 아이 눈을 마주하고 또박또박 말해 줄 것을 요구해 주세요

도대체 '같이'는
어떤 의미예요?

"동생이랑 같이 갖고 놀아"
"장난감은 친구랑 같이 갖고 노는 거야"

'같이'라는 말은 아이들 편에선 애매한 말로 들릴 수 있어요
'놀고 싶은 장난감은 하나인데 친구랑 도대체 어떻게 같이 갖고 놀라는 거예요?'라는 마음이 들어 있어요

"나 한 번, 친구 한 번"
"나도 눌러 보고 친구도 한 번 눌러 보고"
"나도 한 번 안아 보고 친구도 한 번 안아 보고"
"그렇게 번갈아 가지고 놀면 더 즐겁고 기분 좋게 놀 수 있단다"

나 한 번, 너 한 번의 의미로 알려 주면
조금은 더 사이좋게 번갈아 갖고 놀 수 있겠지요

"엄마, 이거 해도 돼요?"라고
자주 묻는 아이의 심리

1 미리 일러 준 적이 있었나요

안방에 쉬러 간 사이 혹은 주방에서 일을 하는 사이,
아이는 거실에서, 놀이방에서 열심히 놉니다
그리곤 엄마에게 와서 자신이 얼마나 예쁘게 해 놓았는지 보라고 말합니다
아이 손을 잡고 거실에 나간 순간,

엄마 립스틱을 열어 장난감이며 소파, 책장에 빨갛게 칠해 놓은 것을 마주합니다
이 모습을 보고 화가 나지 않을 엄마는 없겠지요
"너! 이게 뭐야!"
"엄마 것으로 이렇게 해 놓으면 어떡해!"

하지만… 하나 생각해 볼 부분이 있습니다
– 아이는 아이 나름의 생각과 의도가 있었습니다
– 엄마 립스틱을 만지면 안 된다는 것을 몰랐습니다

- 엄마가 립스틱을 바르면 예쁘니까 그 립스틱으로 자신이 할 수 있는 예쁜 모습을 만들고 싶었던 것입니다
- "립스틱은 입술에만 바르는 거야" "립스틱은 갖고 노는 게 아니야" "립스틱은 엄마만 쓸 수 있는 거야"처럼 엄마가 미리 말해 준 적이 없습니다

그래서 화내기 전 꼭 생각해 보아야 합니다
미리 일러 준 적이 있었나
할 수 있는 것과 안 되는 것을 알려 준 적이 있었나
이것만큼은 안 되는 것이라고 일러 준 적이 있었나

그 부분이 빠져 있다면…
그래서 화가 난다고 다짜고짜 화를 낸다면…
아이는 어리둥절할 것입니다, 억울함도 생길 수 있겠지요

그리고 생각할 거예요
'내가 만지는 것은 다 안 되는 것이고 엄마에게 혼나는 것인가 보다'

물론 이 한 번의 경험만으로는 아니에요

횟수가 자주 반복된다면
아이는 엄마에게 매번 묻고 허락을 받는 것이 제일 안전하다고 생각하게 될 것이에요

2 '안 돼, 하지 마'처럼 엄마의 한계 설정의 부분이 수용과 허용의 부분보다 더 많은 경우

"그건 위험해서 안 돼"
"그건 아빠 것이라 안 돼"
"지금 과자는 먹을 수 없어"
"시간이 늦어서 모래놀이는 못 해"

엄마는 여러 이유를 가지고 아이에게 선을 그어 주지만
아이는 엄마의 한계 설정을 쉽게 받아들이지 못하고 울음이나 떼로 자신의 좌절된 감정을 표현하게 됩니다
하루의 시간 동안, 허용과 수용의 부분이 더 많지 않다면 아이의 생각에 '해도 될까? 엄마에게 물어보지 않고 하게 되면 혼나겠지?'가 자리 잡게 됩니다
그래서 차라리 엄마에게 물어보는 편이 안전하다고 느끼게 되겠지요

3 엄마의 기분에 따라 아이를 대하는 경우

어느 날은 엄마가 기분 좋게 수용해 주는 반면, 어떤 때는 신경질적인 반응으로 아이를 대하기도 합니다

물론, 여성의 호르몬 주기에 따라 기분이 롤러코스터를 탈 수도 있어요

하지만, 꼭 생각해 보셔야 합니다

내 기분에 따라 아이를 대하는 비율이 얼마나 되는지에 대해서 말이죠

엄마의 일관성 없는 태도에 아이는 엄마의 기분을 살피게 될 것입니다

그래서 안전한지, 해도 되는지, 괜찮은지에 대해 엄마의 확인이 필요합니다

그러므로 엄마가 자신의 기분에 대해 알아차리는 것, 그리고 그 기분대로 아이에게 행하지 않겠노라 다짐하는 것은 매우 중요합니다

충격요법!

아이에게 화를 자주 내었을 때
표정과 분위기로 화를 자주 뿜어낼 때
아이의 마음에 스며드는 생각은 무엇일까요

- 엄마는 나 때문에 힘든가 봐
- 나는 엄마를 힘들게 하는 존재인가 봐
- 엄마는 내가 싫은가 봐
- 엄마는 내가 미운가 봐

아이는 사랑받지 못하면 살아갈 수 없는 존재입니다
사랑받는다고 느껴야 살아갈 수 있습니다

그래서 엄마가 자주 화를 낸다면 아이는 고민하게 됩니다
'엄마 사랑 받고 싶은데 어떻게 하면 엄마 사랑을 받을 수 있을까?'
'엄마를 화나게 하지 말아야겠다'

엄마가 요구하는 '말 잘 듣는 아이', '착한 아이'로 자라 가려고 노력합니다
바꾸어 말하면 아이는 자신이 하고 싶은 것은 내려놓고 원하는 것은 포기합니다
이 얼마나 슬픈 인생의 서막을 아이에게 제공하게 되는 것일까요

그래서, 반드시, 깊이 마음에 새겨야 할 부분입니다

엄마는 되고
나는 왜 안 돼?

"엄마아~!"

"응 왜 불러?"
"엄마 이거 지금 하고 있잖아"
"잠깐만 기다려"
"엄마 하고 있는 것 안 보여?"
"기다려야 한다고!"

"♡♡아~! 엄마한테 와 봐"

"……"
"지금 바빠"
"나 놀아야 해"
"나 할 일이 있어"
"지금은 안 돼"

"너 이노무 자슥이 엄마가 부르면 '네' 하고 와야지 들은 척도 안 하고 이렇게 꾸물대고 있으면 어떡해!"

아이는 엄마를 기다려 줍니다
하지만 엄마는 아이를 기다려 주지 않을 때가 참 많습니다…

엄마 말을
왜 한 번에 안 들을까요

"지금은 목욕할 시간이야, 어서 와"
"양치질해야지, 양치하러 가게 어서 와"
"지금은 집에 가야 할 시간이야, 이제 그만 놀고 집에 가자"

엄마의 이러한 요구에 아이는 "네"라고 대답을 합니다
하지만 꿈쩍하지 않는 모습을 자주 경험하셨을 겁니다
어쩌면 듣는 척도 않는 것 같지요

"엄마가 분명히 말했지? 어서 일어나!"
엄마 말을 한 번에 따라 주면 참 좋겠는데 소리가 점점 커지기 시작하고 그래도 행동하지 않는 아이를 보고 화가 납니다

아이는 엄마의 말을 왜, 한 번에, 따르지 못하는 것일까요

아이의 뇌는 본능으로 가득합니다
아직 이성의 뇌가 미숙하기 때문에

'지금 하고 있는 즐거움을 유지하고 싶은 욕구'가 훨씬 크게 작용합니다
반면 엄마의 요구는 이성의 뇌의 부분입니다
아이는 왜 목욕을 해야 하는지 이해되지 않고
왜 양치질을 해야 하는지 이해되지 않습니다
놀이터에서 더 많이 놀고 싶은데 왜 지금 집에 가야 하는지 이해되지 않아요

본능의 뇌가 지배적이기에 엄마 말을 한 번에 따르기란 참 어려워요
만약, "네" 하고 엄마의 말을 한 번에 따라 주었다면 그야말로 놀라운 일이겠지요
지배적인 본능의 뇌가 서서히 이성의 뇌로 기능을 하게 되는 것, 이것이 성장이에요

엄마의 화를 줄일 수 있는 첫 단추, 바로 아이의 발달단계를 이해하는 것입니다

아이 때문에
미치지 말자

육아 팁

화에 담긴 메시지

화를 낸 것을 후회한다면
화를 안 내기로 결심했다면
한 가지를 꼭 살펴 주세요
비록 화는 냈지만
내가 아이에게 알려 주고자, 가르쳐 주고자 했던 근본 메시지는 무엇인지 말이에요

"엄마가 거실에 장난감 갖고 나오지 말랬지!"
→ 장난감은 장난감방에서만 갖고 놀 수 있는 거야

"엄마 화장품은 왜 꺼내서 이렇게 다 망가뜨리니!"
→ 엄마 화장품은 엄마만 만질 수 있는 거야

"물을 이렇게 푸푸 뱉지 말라고 몇 번이나 말해!"
→ 물은 양치할 때만 뱉을 수 있어, 물은 꿀꺽꿀꺽 마시는 거야

화에 담긴 메시지를 엄마가 말로 잘 전달하는 연습을 시작해 주시길 바랍니다

아이와의
시선 맞추기

같은 말을 여러 번 반복하는데도 아이는 왜 엄마 말을 따라 주지 않을까요
그래서 엄마를 결국 화나게 만드는 걸까요

– 엄마 말을 귓등으로도 안 듣는 것 같아
– 대체 몇 번을 말해야 알아들을까

혹시 뛰어가는 아이 등을 보고 말하고 있지는 않나요
혹시 아이 눈을 마주하지 않고 소리치고 있지는 않나요

엄마의 말이 아이에게 효과적으로 전달되기 위해서는 아이의 눈높이를 맞추고 아이와 눈맞춤을 해 주는 것이 굉장히 중요합니다
그리고 엄마의 말을 **아이 눈**에 **꼭꼭 집어넣는다는** 느낌으로 엄마가 전달하고 싶었던 메시지를 또박또박 짧게 말해 줍니다
이는 불필요한 엄마의 잔소리와 화를 줄여 줍니다

"엄마가 뛰지 말라고 몇 번이나 말하니!"
→ "여기서는 뛰는 것 아니야, 사뿐사뿐 걷는 거야"
"동생 때리지 마! 동생 때리지 말라고!"
→ "동생은 때리는 것 아니야"

아이와의 눈맞춤, 꼭 기억해 주세요

감정도
선택입니다

무엇을 먹을까 입을까 마실까만 선택할 수 있는 게 아니라 감정도 선택할 수 있어요

방이 어질러진 상황에서도 화내지 않기로 선택할 수 있고
치대는 아이에게 짜증 내지 않기로 선택할 수 있어요
엄마를 못살게 구는 아이에게 그만하라고 화내지 않고 다른 놀이로 시선을 전환할 수 있어요
양치하러 가기 싫어하는 아이에게 "엄마가 업어서 갈까? 엄마랑 손잡고 갈까?" 따뜻하게 안내할 수도 있어요

새벽부터 일어나 엄마를 괴롭히고 우는 아이를 감당하기는 쉽지 않겠지만
화를 내지 않기로 선택해 보세요
품어 주기로 선택해 보세요
아침밥을 맛있게 먹는 결과로 이어지게 될 겁니다

나(self)는
화보다 큽니다

화가 나를 지배할 것인가
내가 화를 통제할 것인가
이 역시 선택의 부분입니다

화를 내기 전 스스로를 알아주면 돼요 그리고 승부를 봐 봅시다
"너? 화났구나? 허 참, 그럴 수도 있지… 그렇지만 화! 너한테 내가 지지 않는다"

아이도 화의 감정과 잘 싸우기를 바라면서 어른인 내가 넘어지면 안 되지요

'나는 화보다 강하다' 절대적으로 필요한 말입니다

미리 일러두기

1 모든 것을 미리 일러둘 순 없지만
미리 일러둔 것이 아니라면

아이의 아이다운 행동에, 저지레에, 실수에 짜증이나 화 같은 과민반응 보이는 것을 조심해야겠어요

2 미리 일러두지 않아 발생한 일에 대해
아이를 탓하지 말아요

("너 왜 그러니!" "너 진짜!" 등)

3 미리 일러두어야 할 사항은 꼭 미리 일러두도록 해요

이 부분만 인지해도 짜증과 화를 줄일 수 있습니다

'집중'이란 단어를
사용해 보세요

"빨리 밥 먹어라"
"빨리 옷 입어라"
"빨리 ○○해라"
"장난치지 마라"
"언제까지 엄마가 잔소리해야 하니?"
잔소리처럼 말하다 급기야 화를 낼 수 있어요

잔소리를 줄이고 화도 줄일 수 있는, 한마디로 정리되는 말이 있어요
바로 '집중'이란 단어를 사용해 보세요
"밥 먹을 때는 밥에 **집중**해서 먹는 거야"
"양치할 때는 양치에 **집중**하는 거야"
"봐 봐, 아빠도 밥 먹는 것에 **집중**! 하고 있지? ♡♡도 밥 먹는 것에 **집중**! 하는 거야"

잔소리가 아니어서 아이 마음이 움직이는 것을 볼 수 있습니다

'자리'를
사용해 보세요

차를 타거나 식탁에서 자기 자리에 앉아야 하는 때임에도 불구하고 엄마 앞에 앉겠다, 형아 자리에 앉겠다 할 때가 있어요

"안 돼, 네 자리에 앉아야 해"는 별로 통하지 않기도 해요
그러다 화내기 쉬워집니다
"네 자리에 앉아 가는 거라고!"

그럴 땐 '자리'를 사용하여 말해 주세요
모든 가족을 다 언급하면 효과가 큽니다

"아빠는 아빠 자리, 엄마는 엄마 자리, 형아는 형아 자리, ♡♡는 ♡♡ 자리! 그렇게 앉는 거야"
"♡♡ 자리에 아무도 못 앉게 꼭꼭 잘 지켜야 해"

해서는
안 되는 말

"왜 이렇게 엄마를 힘들게 하니?"
"엄마가 너 땜에 죽겠다!"
"엄마 좀 그만 괴롭혀!"
말투와 표정, 눈빛에서 이런 말과 분위기가 뿜뿜 나간다면
아이에게 어떤 마음이 스며들까요
'난 엄마를 힘들게 하는 존재인가 봐'라고 느낀다면
이 얼마나 무서운 일일까 싶어요

다르게 말해 봅시다

"네가 협조해 주면 엄마는 진짜 기쁠 거야!"
"엄마는 ♡♡이가 웃는 모습만 봐도 살 거 같아!"
"오늘은 엄마가 몸이 힘드니까(기분이 안 좋으니까, 시간이 없으니까) 장난감 가지고 잠깐 놀고 있어"
내가 아이라면 어떤 마음이 들까요

아이의
'싫어'를 존중하기

일부러 급하지 않은 때를 이용해 보세요

내복을 갈아입을 때가 아닌데 아이에게 슬쩍 물어보았어요
"황희야~ 우유 내복(우유컵이 그려진 내복)으로 갈아입을까?"
"싫어"
"싫어? 그래, 알았어"
지금 꼭 씻지 않아도 되는 시간인데 슬쩍 물어봐 주세요
"지금 목욕할까?"
"싫어요"
"그렇구나! 알았어, 다 놀고 나서 하자"
친구 집이나 놀이터에서도
"이제 집에 갈까?" 슬쩍 물어봐 주세요
아이가 싫다는 표현을 하면 존중해 줍니다
"더 놀고 싶구나? 그래, 좋아"
아이의 '싫어'를 존중하는 것, 아이의 마음을 여는 비결입니다

나를
꼭 붙든 생각

일찍 밤잠이 든 둘째가 깨서 엄마를 찾아요
얼른 곁으로 갔어요
잠시 후 큰아이가 발가락 상처에 밴드를 붙여 달라며 엄마를 연신 불러 대네요
그러곤 동생이 자고 있는 방에 불을 탁 켭니다
하아 잠시 숨 고르기를 하고 불을 꺼 주기를 부탁했어요 세네 번 말했나 봅니다
하지만 자기 발가락 상처가 더 중요해서 엄마 말은 들리지도 않는 것 같습니다

두 번째 하아… 속에서 불이 오르락내리락 하아…
다시 부탁합니다 불을 꺼주면 좋겠다고…
드디어 "알았어요" 하고 끕니다
어두운 상태였지만 아이가 아프다는 발가락에 밴드를 붙여 주었어요

원하던 것을 해결받은 아이는 콧노래를 부르며 거실로 나가서 아빠와 놉니다

오르락내리락하던 화를 참을 수 있었던 이유,
그 순간 붙든 생각은 단 한 가지였어요

'지금 폭발하면 반드시 후회한다'

이 생각이 모두를 살렸습니다

견뎌 주기,
감당해내 보기

아빠를 따라가겠다는 큰아이의 울부짖음…
엄마와 동생과 함께 있자고 해도 들리지 않는 것 같습니다

아빠와 헤어지고 울부짖는 아이 뒷감당은 제 몫입니다
맨발로 현관을 뛰쳐나가는 아이를 데려오고
몸부림치며 뻗대다 악 소리 지르는 아이를 대하기란 여간 힘든 게 아니에요
게다가 동생은 자기도 안아 달라고 울 때도 있고…

그래도 이 관문을 잘 통과해야 아이가 달라진다는 생각, 오로지 그 생각으로 견뎌 보았습니다
아이를 품에 안아 나지막한 목소리로 "그래~ 그래~" 쓰다듬어 주었죠 그러다 뻗대고 나가면 다시 품에 안아 주기를 반복했어요
20분이 지나니 차차 회복됨이 느껴집니다

그리곤 놀고 싶다고 말하는 아이, "그럼~ 놀아도 되지" 미소 가득 답해 주었어요 결국 해냈구나 했습니다

여러분들도 아이의 감당 안 되는 몸부림을 마주해 본 적이 있으실 거예요
물론 엄마가 힘들고 욱하고 싶고 같이 화가 치밀어 오르는 것 충분히 이해가 돼요
하지만, 그 패턴으로는 아이의 회복을 기대하기가 어렵다는 것을 느낍니다
안아 주고 버텨 주고 감당해내 보고자 하는 노력은 빛을 보게 된답니다
이러한 성공 경험은 다음을 또 해낼 수 있는 힘을 줄 거예요
그러니 너무도 쉽게 화내거나 욱하거나 분노하지 않기를 바랍니다

하루를
어떻게 마무리하고 싶은가요

자책과 후회함이 남지 않는
만족감과 행복감으로 하루를 마무리하고 싶은 마음이 있습니다
그런 마음이다 보니

덜 집착하게 되고
덜 혼내게 되고
덜 화내게 되네요

혹여 마음에 불만족감이 와도 탈출이 빨라요
죄책감에 머물지 않게 됩니다

하루의 마무리에 개운함과 만족감이 남습니다

대체 단어를
알려 주어요

표현이 한창 늘어가는 7살 큰아이
언제부턴가 상황과 관계없이 '메롱'을 하기 시작하네요
집에서만 보이는 현상이라 그나마 다행이었지만 큰 고민이 되었습니다
"메롱은 다른 사람을 기분 나쁘게 하는 말이야"라고 지속적으로 알려 주었지만
여전히 아들의 '메롱'은 계속되었어요

그러던 어느 날 밤, 이 문제를 놓고 기도를 했습니다
'아이를 도와주고 싶은데 방법을 모르겠습니다 어떻게 하면 좋을까요'
그때, '오케이!'가 떠올랐습니다
'그래! 이거야! 대체 단어!!'
아이를 대할 때마다 마음이 훨씬 편안합니다
메롱 대신 오케이!
아이도 따라 합니다 "오케이!"

속상할 때는
속상하다고만 해요

"엄마~! 여기 좀 봐 봐요 피 나요"
아이의 손등에서 피가 나네요
"아빠가 보면 화낼 텐데 어떡하죠?" 걱정 어린 목소리로 아이가 말합니다
사실, 아빠는 작은 것에도 크게 반응할 때가 많아서
아이는 아빠가 화를 낸다고 느꼈나 봐요 그저 속상했던 것뿐인데 말이에요
너무너무 속상할 땐 화가 나기도 하지만
아이에게 전달하고픈 진짜 마음은 '속상함'인 것이겠죠
높은 데만 보이면 올라가 점프를 하는 아이에게 "그렇게 뛰지 마!" "엄마가 하지 말라는데 왜 자꾸 하니!" 화의 감정으로 말은 하지만 아이에게 전달하고픈 진짜 마음은 '걱정됨'인 것이죠

이제는 속상하고 걱정되면 화내지 말고 "엄마가 속상하네" "♡♡가 다칠까 봐 걱정돼"라고 전달할 수 있어야겠어요

아이도 안심하고 표현할 수 있게 말이죠

다르게 표현하기

'~안 하면 ~안 한다'로 많이 사용하시나요
의식하지 않으면 저도 툭 튀어나와요

"밥 안 먹으면 과자도 못 먹어~"
대신
"밥 먹으면 과자 먹을 수 있어"
라고

바꾸어 봅시다
신기하게도 밥을 먹는 아이를 마주하게 될 겁니다

밥 먹고 과자 먹으러 가자!
손 씻고 TV 보러 가자!
~하고 ~하자!

더 좋은 일을 기대하기에 지금을 감당할 수 있게 되는 것 같지요
"~하면 ~할 수 있대! 우와 얼른 해 보자!"

달라지고 싶은
다음날을 위해

아이에게 변화가 일어나기 위해서는 엄마가 달라져야 하는 부분이 훨씬 많다는 것을 인정하면 좋겠습니다

아이를 제지하고 못 하게 한 적이 많았는지
화내지 않고 짜증내지 않아도 되었을 텐데 일을 더 크게 만든 건 아닌지
그래서 아이 마음에 상처가 쌓이고 있지는 않는지
조용히 앉아 스스로를 돌아보는 시간을 가집니다
그리고 달라지고 싶은 다음날을 위한 구체적 행동에는 무엇이 있을까 노트를 펴고 기록해 봅니다

더 따뜻하게 대해야겠다 ➜ 아이가 말할 때 눈을 맞추겠다
곁을 더 내주어야겠다 ➜ 아이에게 집중할 땐 핸드폰을 멀리하겠다
짜증 내지 않고 말해야겠다 ➜ 아이의 말을 먼저 들어보자
엄마를 자꾸 부른다고 짜증 내지 말자 ➜ 엄마를 불렀을 때

아이에게 한 번에 반응하자

화를 참아 보자 ➔ 화가 났을 땐 엄마가 화가 났다고 말로 표현해 주자

그리고 잘 보이는 곳에 붙여 놓고 수시로 읽어 뇌에 고이 입력합니다

화내서
해결된다면

화내서 해결된다면 화내도 괜찮겠지요
아침에도 아이에게 화낼 만한 일들이 잔뜩 있었어요
자기 마음대로 안 된다고 엄마 꽁무니 따라다니며 난리를 피우는 아이를 묵묵히 견뎠습니다
물을 엎으면 닦아 주었고
동생 때리려는 손을 잡아 주었고
장난감 던지려는 아이를 그대로 안아 주었어요

화낸다고 달라지지 않는다
이 마음을 품으니 화를 참을 수 있었어요

또래에 비해 늦된 아이를 있는 그대로 바라봐 주기로 했기 때문일까요
상식을 내려놓았기 때문일까요
참 저로서는 알 수 없는 마음의 평안함이 있었습니다

한계 지점에서

처음부터 화내지는 않지요
이렇게 저렇게 해 줬는데도 계속 그러면 화가 납니다

그런데 그 화나는 지점을 아이도 감지하고 있다는 것 아세요?
'역시 내 생각이 맞았어, 엄마는 원래 그래'라는 생각이 아이에게 자리 잡을 거란 생각, 혹시 해 보셨나요?

'이야~ 엄마는 다르네?'
'역시 우리 엄마네?'
라고 생각하도록

화내는 지점을 딱! 멈추어 봅시다
화의 감정을 딱! 잡아 봅시다

화가 난다고 화를 낸다면 아이도 그렇게 배우게 되겠지요

화가 났으면 화를 내야 하는 것으로 말이죠
화가 나는 지점을 참아 보는 노력을 통해
아이도 배우게 될 거예요
'화가 나도 화를 참을 수도 있구나~'
'화가 나면 화났다고 말로 하면 되는 거구나 나도 엄마처럼 해 볼래'

아이를 키우나요
로봇을 키우나요

'그만해, 씻자, 자러 가자'와 같은
엄마의 말을 아이가 한 번에 착착 듣고 엄마 말대로 이루어지는 상상을 해 보았어요
모든 것이 제자리에 정리된 것같이 참 뿌듯하고 깔끔하고 개운한 기분이 들 것 같더라구요

하지만 싫어도 표현 못 하고
내가 하던 걸 포기해야 하는
아이의 입장이나 뜻과 생각은 엄마 말에 묵살된다는 상상을 하니 상상으로 족하다 싶습니다

'내가 사람을 키우지 로봇을 키우는 게 아니다'
조금은 유~해지고 너그러워질 수 있겠지요

말에도
훈련이 필요해요

성경의 잠언말씀에 말에 대한 부분이 나옵니다
'칼로 찌름 같이 함부로 말하는 자가 있거니와 지혜로운 자의 혀는 양약과 같으니라'

말에는 힘이 있어요
영혼을 죽이는 말을 필터링 않고 그대로 내뱉고 있나요
목까지 차올랐다 해도 거기까지! 그것을 참아 내야 해요
꼭 필터링 해야 합니다

이왕이면 축복의 말, 사랑의 말, 감사의 말, 인정하는 말을 아이 귀에 들려주어야겠어요
"엄마는 ♡♡가 있어 참 좋아"
"엄마는 ♡♡가 있어 참 감사해"
"엄마는 ♡♡가 충분히 할 수 있으리라 믿어"
"엄마는 ♡♡를 응원한단다"
"♡♡는 엄마의 사랑하는 귀한 딸이란다"

꼭 하나
해야 한다면

많은 것을 해 줄 수는 없어도
자주 화가 날 수는 있어도
이 한 가지는 꼭 했으면 합니다
바로 **'아이 말 되짚어 말하기!'**예요
그리고 단어에 악센트를 주어 말합니다

아이 "엄마, 또봇 보고 싶어요"
엄마 "**또봇**이 보고 싶구나!"

아이 "요구르트 주세요"
엄마 "**요구르트**가 먹고 싶구나!"

아이 "장난감이 잘 안돼서 속상해요"
엄마 "장난감이 **잘 안돼서** 속상하구나"

아이의 말에 '~구나'를 붙이면 됩니다
같은 말이어도 두세 배 이상 수용받는 느낌이어서 아이 마음을 꽉꽉 채워 준답니다

눈으로는
얼마든지 봐도 돼

〈슈퍼윙스〉를 보던 아이,
"엄마, 슈퍼윙스가 우리 집에 있으면 좋겠어요"
(아이의 속마음 '슈퍼윙스 사 주세요')
"그래~ 슈퍼윙스가 우리 집에 있으면 좋겠구나,
근데 슈퍼윙스는 우리 집에 오기는 어렵대, 대신 눈으로 보는
건 괜찮으니 얼마든지 봐도 돼"
"야호!" 하며 환호를 해요
안 된다 말한 것도 아닌데
아이 말 되짚어 주고 대안을 제시한 것으로도
받아들이는 아이가 참 기특했어요
사달라는 말에 "안 돼 사 줄 수 없어"처럼 단호해야 할 때도
있겠지만 아이 말을 되짚어 말해 주고 대안제시를 해 주면 '꼭
그것을 갖고 말 테야' 하는 욕심과 고집의 마음에서 한층 부드
러워진답니다

행동을 말로 할 수 있게
안내해 주세요

가만히 서 있는 엄마 다리를 아이가 손으로 쫘악 긁어내리고 지나갑니다
뭔가 불만이 있어 보이는 것 같은 느낌이에요

"태희야, 엄마한테 왜 그런 거야? 그렇게 하면 엄마 기분이 안 좋아, 무슨 말이 하고 싶었던 거야? 말로 해 봐"
"엄마랑 놀고 싶어서…"
"아~ 엄마랑 놀고 싶었던 거구나, 그럼, '엄마 같이 놀아요' 말하면 되지"

말할 줄 아는 아이라면 아이의 행동을 말로 할 수 있게 안내해 주시고
아직 말할 줄 모른다면
"엄마에게 무슨 말을 하고 싶었던 걸까? 엄마가 알고 싶네~ 그렇지만 엄마 다리를 이렇게 쫙 긁어내리면 엄마 기분이 안 좋아, '엄마'라고 불러 주면 엄마가 '응' 하고 대답할게"

아이가
원했던 것은

대안 제시를 주었음에도 아들의 메롱은 나아지는 것 같지 않았습니다
아이 눈을 바라보았습니다
그리고 엄마 말을 꼭꼭 넣어준다는 느낌으로 말했습니다
"엄마는 네가 '메롱' 하면 마음이 슬프고 기분이 안 좋아"
"네"
"엄마는 너를 도와주고 싶어. 엄마가 어떻게 도와주면 좋겠어?"
"오케이! 해 주세요"

가슴이 쿵 내려앉았어요
아이가 원했던 건… 엄마와의 소통이었구나.
메롱할 때 오케이를 해 주니 그것이 즐거웠던 모양입니다
이젠 약속을 추가했습니다
"메롱 하면 엄마가 오케이 해 줄게! 그럼 메롱은 그만하는 거야 알았지? 약속!"

"약속!"
아이를 안아 주며 "잘해 보자~!" 격려해 주었어요
아이도 "할 수 있다!"를 외칩니다
이번 일을 계기로 깊이 깨달은 바가 있습니다
'아이도 엄마가 도와주길 바라고 있었구나'
'엄마에게 바랐던 건 '소통'이었구나'
하고 말이죠

이건 진짜
조심해야 해요

화가 나면 아이에게 불필요한 비난의 말, 정죄의 말을 하기 쉬워요

"너 대체 왜 그래!"
"내가 너 때문에 못살겠다 정말!"
"내가 죽겠다 죽겠어!"
"으휴!!"
"너 한 번만 더 그래 봐 엄마 나갈 거야!"
"엄마가 없어지면 좋겠지!"
"대체 몇 번을 말해야 알아듣겠니 귀가 막혔어?"

알려 줘야 할 '사실, 정보'만 알려 줍시다

"지금은 밥 먹는 시간이야"
"지금은 옷 갈아입고 밖에 나갈 거야"
"지금은 시간이 없어, ♡♡가 엄마에게 협조해 주는 시간이야"

"형은 동생을 사랑하고 소중하게 대해야 하는 존재야"
"동생은 형을 존중하고 사랑해야 하는 존재야"
"싸우지 않고 나 한 번 너 한 번 번갈아 갖고 노는 거야"

말로 표현하는 연습, 백번을 강조해도 지나치지 않습니다

자는 시간,
아이가 시끄럽게 한다면

자려고 누웠는데 아이가 소리 내고 벽을 긁어 대고 시끄럽게 한다면,
"하지 마, 시끄러워!"
이 말보다 아이 행동을 멈추는 강력한 말이 있어요

"아고~ 엄마가 시끄러워서 잠을 잘 수가 없네 조용한 곳으로 가서 자야겠어"

하지 말란 말도 안 했고
엄마 나갈 거야도 안 했는데
그 뜻은 다 포함되어 있어요
아이 행동에 즉각적인 변화를 가져옵니다

놓치기 쉽지만
놓쳐서는 안 돼요

떼쓰지 않았을 때
"떼쓰지 않고 엄마 협조 잘해 주었구나!"
"떼쓰지 않고 엄마 말 잘 따라 주어 고마워"

징징대지 않고 또박또박 말했을 때
"징징대지 않고 또박또박 말해 주니 엄마가 딱 알아들었어! 다음에도 이렇게 말해 주면 엄마가 또 딱! 알아들을 수 있을 거야"

엄마 말 한 번에 협조했을 때
"엄마 말에 한 번에 협조해 주었구나!"
"하던 것 계속하고 싶었을 텐데도 엄마 협조해 줘서 고마워"

떼쓰고 징징대고 엄마 말 안 듣는다며 화내고 훈육하는 데에 집중하기보다 그러지 않았을 때를 놓치지 않고 짚어 말해 주는 것이 변화를 더 잘 이끌어 낼 수 있습니다

훈육이 필요할 때와
그렇지 않을 때 1

훈육이 필요할 때와 그렇지 않을 때를 구분할 수 있는 기준은
'일부러'에 답이 있습니다

보란 듯이 쏟고
보란 듯이 던지고
보란 듯이 때리면

훈육이 필요합니다
일부러 그런 행동을 한 것이 괘씸하게 생각되어 생각보다 크게 화를 낼 수 있어요
하지만 그런 행동을 보인다고 처음부터 훈육이나 화를 내기보다는
쏟은 것을 직접 닦게 하고
던진 것을 직접 가져오게 합니다
"네가 쏟았으니 네가 닦아야 해"
"네가 던졌으니 네가 직접 가져와야 해"

말로 했음에도 꼼짝 않는다면 아이 손을 잡고 직접 닦을 수 있게, 아이 손을 잡고 직접 가져올 수 있게 도와줍니다
그리고 구체적인 대안 제시를 해 줍니다
"던지고 싶으면 공을 던져"
"물을 쏟고 싶으면 목욕놀이 때 얼마든지 할 수 있어"
"때리고 싶으면 샌드백 네 마음껏 때려"

훈육이 필요할 때와
그렇지 않을 때 2

'엄마 미워, 엄마 나빠, 엄마 갖다 버릴 거야' 같은 험한 말을 할 때
"너 어디서 그런 말을 해!" "엄마가 언제 그렇게 나쁜 말을 가르쳤어!"
화날 수 있어요
하지만 그 말 속에 담긴 '아이가 진짜 하고 싶었던 말'은 무엇일까'를 생각해 볼 수 있기를 바랍니다

"엄마가 밉구나(엄마가 나쁘구나, 엄마 갖다 버리고 싶구나)"
"그만큼 엄마에게 마음이 상했단 뜻이구나~ 그랬구나" 하면서 아이를 안아 주세요
"엄마에게 뭐가 마음이 상했는지 말해 줄 수 있을까"
"아~ 그랬구나 엄마가 네 마음 잘 알도록 노력할게 ♡♡도 엄마 도와줘~"

"그리고 그럴 땐 엄마 미워 나빠 갖다 버릴 거야 하는 게 아니라 **"엄마에게 기분이 안 좋아요"** 하면 된단다 그럼 엄마가 딱! 알 수 있지"

험한 행동이 동반된다면(물고 꼬집고 발로 차는 등) 훈육 먼저 하고 훈육의 마무리에 아이 마음 알아주기 해 주세요

혹시 화가 나서 화난 상태로 아이를 대하기 쉽다면 차라리 아이와 잠시 거리를 두고 숨 고르기를 해 주세요
화가 가라앉은 다음에 아이를 마주하는 편이 훨씬 낫습니다

훈육이 필요할 때와
그렇지 않을 때 3

1 갖고 싶은 물건을 달라고 떼를 쓸 때

우선 아이의 갖고 싶어 하는 마음을 인정해 줍니다

"친구 것이 갖고 싶구나~! 그렇지만 저건 네 것이 아니라서 가질 수가 없어~"
"저건 친구 것이어서 친구가 허락해야 갖고 놀 수 있는 거란다"
울고 떼쓸 때는 훈육하기보다 아이의 울음과 떼가 멈춰질 때까지 두셔도 돼요
엄마는 아이 곁에 있어 주셔서 엄마에게 와서 안기려 하면 기꺼이 안아 주시고 토닥여 주세요

2 갖고 싶은 물건이 있는데 강제로 빼앗으려고 밀거나 꼬집거나 상대에게 신체적 해를 가할 때

"친구 것은 함부로 빼앗으면 안 돼!"
"친구 것이 가지고 싶으면 말로 해야 해 '친구야 나도 빌려줘,

나도 갖고 놀고 싶어'라고 말로 하는 거야"
울고 떼쓸 때는 위와 동일하게 아이 스스로 진정할 수 있게 아이 곁에 머물러 주세요 만약, 엄마에게 와서 안기려 한다면 이때도 기꺼이 안아 주세요 혹 엄마가 화가 난 상태라면 단호함의 태도를 취해도 괜찮습니다
그리고 진정이 되면 아이 눈을 바라보고
친구 것은 함부로 빼앗으면 안 되고 갖고 싶으면 말로 해야 한다는 것을 한 번 더 상기시켜 주세요

두 돌 이후에 적용할 수 있어요
두 돌 전이라면 첫 번째 방법으로 하시되 다른 놀잇감이나 대체 물건으로 시선을 전환해 주시는 게 필요합니다

같은 질문을
반복하는 아이에게

카봇 택배를 기다리고 있는 5살 아들
빨리 만나고 싶고 당장 만나고 싶은 마음이 엄청납니다

"엄마, 카봇 언제 와요?"
"카봇 **빨리** 만나고 싶구나! 지금 태희 만나려고 멀리 멀리서 열심히 달려오는 중이야, 내일이면 만날 수 있어!"

"엄마, 카봇 언제 와요? 빨리 만나고 싶어요"
"카봇도 태희 **빨리** 만나고 싶대, 그래서 지금도 열심히 달려오는 중이야"

"힝, 카봇 빨리 만나고 싶다, 언제 와요?"
"내일이면 만날 수 있지…"

또 물어봅니다
"엄마, 카봇 대체 언제 와요?"

"태희야, 엄마가 분명히 말해 주었어 이제 언제 오냐고 또 물어보면 대답하지 않을 거야, 엄마가 분명히 말해 주었는데도 태희가 카봇 언제 오냐고 자꾸자꾸 물으면 엄마 마음이 힘들어"
기운 빠진 목소리로 말해 주었어요
아이의 마음은 충분히 이해되면서도 같은 질문을 계속할 때는 인내심에 한계를 마주하게 됩니다

"쓰읍! 조용! 그만!"
이렇게 반응할 때도 있겠지만 손꼽혀야 하겠어요

잠자리에서 아이의 요구사항에
화가 나나요?

밤잠 자러 가서 누우면 물 달라 응가 마렵다 등 요구사항 많은 것 저희 집만은 아닐 거예요

- 왜 맨날 자려고 누우면 그러냐
- 자기 전에 했어야지
- 아휴 진짜

혹 이런 말들을 거침없이 쏟았다면
이제는 다르게 해 볼게요

1 잠자러 가기 전 모든 부분을 확인해 주고
(물 먹기 쉬하기 응가하기 등)
잠자리에 눕기 전 알려 줍니다
이때도 **아이 눈에 엄마 말을
꼭꼭 집어넣어준다는** 느낌으로요

"물 먹고 쉬도 하고 응가도 했으니 이제는 뭐 해 달라 말하지 않고 코 자기, 알았지?"

2 불 다 끄고 누웠는데 아이가 이것저것 요구하면
짜증내고 윽박지르다 들어주지 말고
기꺼이 이불 박차고 일어나 들어줍니다

1번과 **2**번 중 해 볼 수 있겠다 하는 것 하나를 선택해 주세요

3 눈이 감기려 하면서도 안 자려 하면,
아이 눈에 가까이 가서 이렇게 말해 주세요

"헤에? 눈에 졸음벌레가 있어~ 얼른 코 자야겠어, 졸음벌레야 ~ 어서 니네 집으로 가~"

"엄마도 졸음벌레 때문에 눈을 뜰 수가 없어, 어서 집으로 보내 주자~"

화난 아이 대하기

또봇을 열심히 조작하던 아이가 잘 안 되는 듯 화가 터집니다
으아아아 소리를 꽥 질러 버리네요
공감을 해 주어도 화가 잘 가라앉지 않나 봅니다
"태희야, 화와 잘 싸워 이겨야 해~"
"화와 싸워서 안 이길 거야"
순간 무슨 말을 이어 갈까 잠시 고민하다…

"태희 마음에 화가 가득하면 엄마가 가까이 갈 수가 없어, 태희 마음에 고릴라가 쿵쾅대고 고슴도치가 엄마를 아프게 찌를 수 있거든…"
"…그럼 아파요?"
"그럼 아프지~ 그래서 화와 싸워서 이겨야 해, 그래야 고릴라도 사라지고 고슴도치도 사라지지,
화와 싸워서 이기면 엄마에게 말해 줘 엄마가 태희 꼬옥 안아 줄게"

잠시 잠잠해지고 아무 말 않고 있는 아이에게 슬쩍 물었습니다
"태희야, 화와 싸워서 이겼어?"
"응, 내가 이겼어"
"이리 와 엄마가 안아 줄게"
꼬옥 안아 주며 말했습니다
"화와 싸우느라 수고 많았어, 태희가 이긴 거야, 진짜 잘했어"

화를 잘 내는 아이,
이렇게 접근해 보세요

블록이 자기 뜻대로 끼워지지 않는다고 울며 소리 지르며 화를 표현하는 아이에게 엄마가 말합니다
"고작 이것 때문에 이렇게 화내는 거야?"
"울지 마"
"소리 지르지 마"
이렇게 말해도 그치지 않는 아이에게 화가 납니다
엄마도 같이 화를 낸다면 아이는 더욱더 화를 크게 표현하거나 화내는 엄마가 무서워서 울음을 그치게 되겠지요
울음은 멈추었을지라도 뜻대로 안 된 것에 대한 '화'의 감정은 마음에 남아 있게 됩니다
그렇기에 더 쉽게 자주 화를 낼 수 있어요

자기 뜻대로 안 된 것에 대해 화를 자주 낸다면 **'아이의 뜻' '아이의 기대'**를 헤아려 주세요

블록이 잘 안 끼워져 화를 내며 던질 때 아이의 기대는 무엇이었을까요

블록을 한 번에 잘 끼우고 싶었을 것입니다

"블록을 한 번에 잘 끼우고 싶었구나"

"엄마랑 같이 해 보면 한 번에 잘 끼울 수 있을 거야"

장난감을 조작하다 잘 안된다고 화를 내는 아이의 기대는 무엇이었을까요

"이걸 이렇게 잘 해 보고 싶었구나"

"다시 천천히 해 보면 잘 해낼 수 있을 거야"

한 번에 잘 해 보고 싶었던 아이의 기대를 헤아려 주는 것에 답이 있습니다

"엄마, 이거 해도 돼요?"라고 자주 묻는 아이를 대하는 팁

1 해서는 안 되는 말

"뭘 자꾸 물어봐!" "그만 물어볼래 좀?" "그런 것까지 왜 묻는 거야?" 등의 짜증 섞인 태도입니다
'해도 돼'라는 메시지가 포함되어 있지만 아이는 여전히 불안합니다 하면서도 불안함은 마찬가지입니다
물론, 아이의 질문에 지쳐 짜증의 반응이 나올 수는 있겠지만 비율은 극히 적어야 하겠어요

2 되는 것과 안 되는 것을 미리 알려 주는 노력이 필요합니다

위험한 것, 절대 갖고 놀면 안 되는 것은 아이 눈에 보이지 않게 치웁니다
그리고 절대 만지거나 갖고 노는 것이 아니라고 말해 줍니다
특히 엄마가 주방에 있거나 아이와 함께 있지 못할 때는 아이 곁을 떠나기 전에 알려 주는 것이 좋겠어요 이때도 아이 눈을

마주하고 아이 눈에 엄마의 말을 꼭꼭 집어넣어 준다는 느낌으로요

"네 장난감은 얼마든지 갖고 놀아도 돼, 하지만 색연필로 종이가 아닌 다른 곳을 칠하는 것은 안 되는 거야"

3 밝은 미소로 환하게 수용해 주세요

"그럼! 해도 되지~!"

"물감놀이가 하고 싶구나! 그럼 물감놀이를 즐겁게 할 수 있게 엄마가 도와줄게"

물감놀이를 할 수 있는 공간과 영역을 구분해 주면 되겠어요

"물감놀이는 이 매트 위에서만 할 수 있어, 이것을 가지고 매트 밖으로 나오면 물감놀이는 더 이상 할 수 없어 알았지!"

마무리가 안 되면
우는 아이

하던 것을 중단하고 다음으로 넘어가야 할 때
마무리가 되지 않으면 울거나 심하게 힘들어할 때
이따가 하면 돼, ○○ 다녀와서 다시 하자 해도 통하지 않는
아이를 어떻게 도와주면 좋을까요

1 아이를 100% 맞춰 주는 것은 안 돼요

아이가 배울 것은 융통성, 유연성이에요

2 적절한 타협을 통해, 즉 아이에게 건강한 좌절감을 경험하도록 도와주세요 이 또한 공감과 칭찬을 통해서 입니다

"그래~ 더 하고 싶고 마무리까지 하고 싶은 마음이구나~" 하고
꼬옥 안아 주고 아이 울음을 견뎌 줍니다
"지금은 어렵지만 ○○ 하고 나서 얼마든 할 수 있어~!"

혹 울지 않고 수월히 다음으로 넘어갔다면 놓치지 않고 칭찬해 주세요
"더 하고 싶었던 마음을 잘 참았네~ 이건 정말 어려운 일인데 진짜 잘했어~!"
"울지 않고 엄마 협조 잘해 줘서 고마워~ 지금 못 한 것은 저녁 먹고 마무리해 보자~"

지금 당장 시간적 여유가 없을 때는 아이의 하던 행동을 억지로 중단시켜야 하겠지만 그렇지 않을 때 이렇게 연습해 두시면 아이도 엄마의 말을 수월히 따를 수 있는 힘이 생길 것입니다

때리는 아이를
다루는 팁

사람을 때리는 것은 어떤 이유를 막론하고 하면 안 되는 일입니다
하지만, 놓쳐서는 안 되는 건 때리는 행동에 담긴 '속마음'입니다
공감이 먼저일까요 훈육이 먼저일까요 많이 헷갈려 하실 텐데요
답은 둘 중에 무엇이 먼저이든 상관이 없지만 훈육이 먼저이더라도 공감은 필요합니다
"때리면 안 돼!" "때리는 것 아니야!" 하고 훈육했다면 훈육이 끝나고 아이를 안아 주면서 공감으로 다가가 주세요

전후 상황을 알지 못할 때

"무슨 기분 안 좋은 일이 있었던 걸까…? 뭐가 뜻대로 되지 않아서 그랬던 걸까…?"
또한 표현을 건강하게 하도록 도와주는 말을 건네주세요 "그럴 땐 '나 속상해요! 화가 나요! 때리고 싶어요!' 말하면 되는

거야 그럼 엄마가 도와주지~!"
(때리고 싶다고 하면 북이나 샌드백 등 때릴 수 있는 놀잇감을 제공해 주세요)

전후 상황을 엄마가 알고 있을 때

"네가 원하는 대로 되지 않아서 화가 났던 거구나" 하고 아이 마음을 어루만져 주시고 잠시 꼬옥 안아 주세요
물론, 엄마가 화가 났다거나 다급한 상황에서는 공감을 하지 못할 때도 발생할 거예요
그래도 괜찮아요
다만, 공감하는 횟수가 더 많아야 함을 염두에 두면 좋겠어요

장난감 배앗는 아이, 어떻게 다룰까요

장난감을 빼앗는 아이… 왜 빼앗을까요

1 자아중심적인 사고가 강하기 때문입니다

눈에 보이는 것은 내 것이고 내 손에 쥐고 싶어 하는 본능이 강해서 그렇습니다

2 말보다는 행동이 앞서기 때문입니다

말을 할 줄 알아도 순간 가지고 싶은 본능이 작용하여 뺏는 행동이 앞서게 됩니다
말을 아직 할 줄 몰라서이기도 합니다

어떻게 알려 주면 좋을까요

1 가지고 싶은 본능(욕구)은 인정해 줍니다

하지만 내 것 네 것이 분명이 있음을 알려 줄 필요가 있습니다
이 부분은 집에서 엄마와의 놀이에서, 가족관계에서 알려 주면 좋아요
수저, 밥그릇, 과자, 과일 등을 나누어 주면서
'이거는 엄마 것, 이거는 아빠 것, 이거는 ♡♡ 것' 알려 주며 내 것 네 것이 있음을 구분지어 주세요
아빠 것이 먹고 싶으면 "먹어도 돼요?"라는 말을 하도록 안내해 주세요
그래서 각자 자기 것이 있으며 상대 것이 갖고 싶으면 허락을 구하는 말을 할 수 있도록 지속적으로 안내해 줍니다

2 행동이 앞설 때, 과격하게 뺏거나 끈질기게 놓지 않으려 할 때는 아이를 데리고 잠시 자리를 옮겨 주세요

그리고 갖고 싶었던 아이의 욕구를 인정하고 그렇다고 빼앗으면 안 되는 행동임을 알려 주고 말로 해 볼 수 있도록 안내해 주세요

이 부분은 엄마와의 놀이를 통한 것이 가장 효과적입니다

마치 아이가 친구와 노는 것처럼 아이 친구가 되어 주세요

그리고 아이가 진짜 소중하게 생각하는, 아무도 빌려주지 않는 장난감을 엄마가 갖고 싶다고 의도적으로 아이에게 말해 보세요

"그거… 엄마 갖고 놀고 싶은데… 빌려줄 수 있어?"

아이가 싫다 하면 ok!

"♡♡가 빌려주면 엄마 기분이 엄청 좋을 것 같아"

"♡♡가 빌려줄 때까지 엄마는 다른 것 갖고 놀고 있을게"

시간이 좀 지나서 또 물어보세요

그리고 아이가 빌려주면 엄청 신나고 즐거운 표정으로 갖고 놉니다(5~10초 정도) 그리고 아이에게 다시 건네줍니다

"엄마가 진짜 신나게 갖고 놀았어, 엄마 빌려줘서 고마워, 엄마 기분 진짜 좋았어!" 말해 주세요

이제는 엄마가 아끼는 소중한 물건을 아이 놀이 시에 슬쩍 가져와 보세요 아이가 만져도 되는…
그래서 아이가 호기심을 보인다면
"이건 엄마 거라서 지금은 빌려줄 수 없어,
갖고 놀고 싶으면 '엄마, 해도 돼요?'라고 물어보는 거야"
아이가 말로 물어본다면 기꺼이 기분 좋게 줍니다
"그래! 빌려줄게, 다 놀고 나서 엄마 줘"

일부러 지연시키는 것도 필요해요
"지금은 빌려줄 수가 없어, 엄마가 조금 더 갖고 놀아야 하거든, 조금 기다려 줘, 대신 ♡♡는 다른 것 갖고 놀고 있어 줘"

말을 잘하는 아이라도 행동이 앞설 수 있어요
말을 잘할 줄 알더라도 아직은 본능이 더 강하기에 '행동이 앞서가는구나' 이해하고 인내하고
꾸준히 지속적으로 연습해 주시면 마침내, 빛을 발하는 날이 올 겁니다

소리 지르는 아이에게
화가 나나요

무언가 자기 마음대로 되지 않는다고
소리 지르는 아이는 대체 왜일까요
먼저 말을 하는 아이인지 아직 못 하는지로 구분해 볼게요

말을 아직 못 한다면

소리에 담긴 메시지를 엄마가 말로 풀어 주세요
"ㅇㅇ가 하고 싶구나~"
"뭐가 뜻대로 안 돼서 그렇구나"
"ㅇㅇ해 달라는 말이구나"
이때는 소리 지르지 말라고 말해도 통할 리 없습니다
대신 언어 자극을 준다 생각하고 덧붙여 주세요
"그럴 땐 '엄마 **도와줘요**' 하고 말하면 돼"

말을 하는 아이라면

1 어떠한 상황에서
(무언가 마음에 안 들었거나 친구가 갖고 노는 장난감이 갖고 싶었다든지 등)
**말로 하도록 안내받지 못해서
소리 지르는 행동이 나타날 수 있어요**

이때 또한 소리에 담긴 메시지를 공감의 말로 풀어 주세요
"네 마음대로 안 돼서 화가 났구나!"
"친구 장난감이 갖고 싶었구나~"

그리고 말로 표현하도록 안내해 주세요
"근데 그렇게 소리 꽥 지르면 엄마가 깜짝 놀라, '뭐가 잘 안 돼요, 화가 나요, 도와주세요' 말로 하면 엄마가 딱 알아듣지"
혹 소리 지르지 않고 말로 표현했다면 엄마가 딱 알아주는 태도를 취해 주세요
"그것 봐, 말로 해 주니까 엄마가 딱 알아듣고 해 주지, 다음에도 말로 잘 해 보자"
하이파이브 짝!

**2 욕구결핍과 욕구불만으로 인한 스트레스가 쌓였거나
해소되지 못한 감정이 쌓였을 경우에도
소리 지르는 행동이 나타날 수 있어요**

그럴 땐 소리 지르도록 허용해 주세요

대신 사람을 향해서가 아닌 공간 지정을 해 주고 베개에 대고 소리 지르거나 북을 때리거나 샌드백을 사용하도록 해서 감정 해소를 도와주세요

또한 아이에게 "안 돼, 하지 마"의 말을 줄이고 허용과 수용 가능한 대안 제시를 해 주세요

마지막으로 아이의 마음을 든든히 채워 주는 정서적 공급을 충분히 해 주시길 바랄게요

'화' 줄이기 수단: 약속을 통해서

아이들을 위해 강아지 한 마리를 입양했습니다
아이들이 너무나 좋아하고 각자 나름의 방식으로 강아지를 사랑하고 즐거워합니다
그런데 5살 둘째 아들의 강아지를 대하는 방식이 다소 거칠고 과격합니다
그러한 행동이 보일 때마다 일러 주었습니다
"강아지를 향해 점프를 하면 안 된다, 강아지를 향해 달려가거나 발차기를 해서는 안 된다" 하고 말이죠

7살 큰아이는 강아지를 안고 다니며 뽀뽀를 합니다
"뽀뽀하지 마, 뽀뽀하면 안 돼"
수없이 말했음에도 아이들의 행동에는 변화가 보이지 않았습니다
화를 내기도 여러 번 하였습니다
"엄마가 그렇게 말했는데 대체 왜 그러는 거니?"
아이들은 엄마 눈을 피할 뿐입니다

그러던 어느 날, 아이들을 재우고 소파에 앉았습니다
그러곤 깊은 생각에 잠겼어요
'아이들에게 더 이상 화내고 싶지 않은데 무슨 방법이 없을까'

'아! 그렇구나! 약속을 미리 하면 되겠구나!'
그러고는 메모장에 약속의 내용을 적었습니다

1 강아지를 향해 뛰어 내리지 않기
2 강아지 발로 차지 않기
3 강아지에게 뽀뽀하지 않기

보이는 곳에 붙여 놓고 아이들이 강아지를 마주하기 전 아이에게 약속을 하도록 했습니다
"엄마와 약속하는 거야, 할 수 있지?"
약속을 따라 말하도록 하고 약속을 받아냈습니다
약속을 지키지 않을 시 강아지는 강아지 집으로 가야 한다고 알려 주었습니다

그런데, 아이들이 약속을 잘 지키는 것이 아니겠어요?
화를 낼 때는 듣지도 않던 아이들이 엄마가 차분히 일러 준 내용에 대해서 약속을 지키려는 모습을 보이다니 깜짝 놀랐

습니다

"엄마와의 약속을 이렇게 잘 지켜 주다니~ 엄마가 깜짝 놀랐어! 이렇게 강아지와 더 즐겁고 기분 좋게 놀 수 있는 거야"

아이들을 칭찬해 주었습니다

혹 약속을 어긴 행동에 대해선 1초의 망설임 없이 강아지는 분리되었습니다

그럼에도 아이들은 그 약속을 담담히 받아들이는 모습을 보입니다

그때 큰 깨달음이 왔습니다

미리 일러 주지 않아서 그랬던 거구나!

화를 낸다고 바뀌는 부분이 아니라는 것을 왜 몰랐을까!

앞으로는 약속을 통해서 아이들에게 미리 알려 주자!

하고 말이지요

매번 약속을 했습니다

그렇게 하루 이틀… 그리고 일주일 후, 약속이 적힌 메모장은 더 이상 그 자리에 있을 필요가 없게 되었습니다

'약속'을 통해
화를 줄여요

밥 안 먹는 아이
밥 먹다 장난치는 아이
밥 뱉는 아이
밥을 물고 씹지 않는 아이

밥을 안 먹고, 기껏 먹었는데 뱉어 내고, 밥을 먹으면서도 장난치는 날이 자주 있다면 식탁에 앉기 전 아이 눈을 보고 밥 먹을 때 지켜야 할 것을 말해 줍니다
아이 눈에 엄마 말을 **꼭꼭 집어넣어** 준다는 느낌으로 천천히 또박또박 말해 줍니다

"밥 5번은 꼭 먹어야 하는 거야"
"밥은 집중해서 먹는 거야, 장난치지 않는 거야"
"밥을 뱉어 내면 안 돼, 밥 뱉으면 엄마가 무척 속상해"
"밥은 꼭꼭 씹어 삼키는 거야, 물고 있으면 안 돼"
"잘 지킬 수 있지?"

"약속하는 거야 알았지?"

이러함에도 밥 먹다가 장난을 치면 처음 말을 상기시켜 주고 그 말을 지키도록 알려 줍니다
이때는 약속을 추가합니다
"이제는 밥 먹다가 장난을 치면 밥 그만 먹는 거야 알았지? 약속!"
"이제는 밥 물고 있으면 밥 그만 먹는 거야 알았지? 약속!"

약속을 잘 지키고 밥을 잘 먹었다면 칭찬해 주세요
"약속을 잘 지키고 밥을 잘 먹었네~ ♡♡가 쑥쑥 자라서 금방 형아가 되겠어"

이때 보상을 해 주어도 좋겠어요
다만, 보상이 매번 이루어지는 것은 피해 주세요

- 안 먹는 아이로 고생 중인 엄마들에게 한영신, 박수화 작가님의 《안 먹는 아이 잘 먹는 아이》 참고도서로 추천합니다

화 줄이는
구체적 방법

1 화 목록 만들어 화 줄일 수 있는 부분 골라내 보기

이때는 '약속'을 사용해 주세요

ex)

장난감을 가지고 놀지도 않으면서 이것저것 다 꺼내는 아이에게 화가 난다
"이렇게 다 꺼내 놓으면 어떡해! 아유 진짜"라고 화내는 대신
"네가 갖고 놀고 싶은 장난감을 찾고 나면 나머지 장난감은 제자리에 넣는 거야 약속!"
약속을 하고 약속을 지키도록 안내해 주세요

ex)

장난감 하나로 두 형제가 싸울 때마다 화가 난다
"장난감 하나로 싸우지 좀 마!"라고 화내는 대신
"장난감 하나로 서로 싸우면 이 장난감은 갖고 놀 수가 없어"
하고 높은 곳에 올려 두세요

다시 장난감을 만나려면 '약속'을 통해서 서로 지켜야 할 부분을 안내해 주세요

"나 한 번 너 한 번 서로 번갈아 갖고 놀기 약속!"

2 한 번 말하고 두 번째는 행동하기

"이제 그만하는 거야"

엄마가 말했음에도 바로 그만두는 행동을 하지 않는다면 엄마가 직접 움직여서 그 행동을 그만하도록 도와주세요

"이제 엄마랑 치카할 거야 치카하러 와"

이 말에도 아이가 쌩하고 지나간다면 아이를 계속 부르며 화를 키우지 말고 엄마가 아이를 안든지 데리고 욕실로 갑니다 그리고 말합니다

"엄마 말 한 번에 협조하지 않으면 이렇게 강제로 치카할 수밖에 없어"

"엄마가 '치카하자' 했을 땐 '네' 하고 하는 거야"

안 먹는 아이
밥 먹이기 프로젝트

1 아이와 함께 마트를 가요

"♡♡가 밥 먹을 때 더 즐겁고 기분 좋게 먹을 수 있게 엄마가 도와주고 싶어. 그래서 ♡♡가 좋아하는 밥그릇을 살 거야~ 가서 골라 보자"

2 아이에게 어떤 반찬을 해 주면 좋을지 물어봅니다

"오~ 그거! 좋지 엄마가 해 줄게~"

"엄마도 ♡♡가 좋아하는 거 해 줄 테니 ♡♡도 엄마 말 들어 줄 것이 있어. 엄마가 ㅇㅇ(아이에게 시도하고픈 음식) 딱 2개 줄 거야, 맛있게 먹어 주기로 약속하는 거야"

3 기분 좋게 시작해서
기분 좋게 식탁을 마무리하도록 애써 주세요

- 밥 먹기 1시간 전엔 화내지 않도록
- 밥 먹기 1시간 전엔 아이가 좋아하는 것들을 할 수 있도록

4 엄마가 시도한 음식을 1번이라도 먹었다면 칭찬!!

"이야~ 브로콜리를 먹어서 ♥♥가 더 튼튼해지겠다~ 어려웠을 텐데 도전하고 먹어 본 거 진짜 잘한 거야~ 엄마가 참 기쁘다"

5 다음번은 아이에게 물어봐 주세요

"오늘은 토마토 먹어 볼 건데 몇 개 먹어 볼까?"
"오호 좋아! 1개 도전!"

아이와 말하는 모든 순간은 아이 눈을 꼭 마주해 주는 것, 잊지 마세요

TV를 보여 줄 때
화 줄이기

"뒤로 가서 봐!"
"앞으로 오면 꺼 버릴 거야!"
"뒤로 가서 보라고 대체 몇 번을 말하니!"
"넌 엄마 말이 들리지 않니?"
더 집중해서 보고 싶고 자세히 보고 싶은 마음에 자신도 모르게 TV 앞으로 가는 아이를 향해 화가 폭발합니다

하지만 '미리 일러두기와 약속'을 통해서 화를 줄일 수 있습니다

색 테이프를 이용하여 바닥에 표시를 해 둡니다
그리고 아이의 눈을 맞추고 말합니다
"이 표시선을 넘어오면 TV를 끌 거야"
"이 표시선 안에서 앉아서 보는 거야"
"엄마가 그만 보자고 하면 그만 보는 거야, 그리고 울지 않는 거야 약속!"

아이는 반드시 "네"라는 대답을 해야 합니다
약속을 지켰을 경우: "이야~ 울지 않기로 약속했는데 잘 지켰네! 엄마가 다음엔 더 기분 좋게 보여 줄 수 있겠어"

약속을 안 지켰을 경우: "울지 않기로 약속했는데 이렇게 울면 엄마가 다음에는 보여 줄 수가 없어" 하고 울음을 조절할 수 있게 도와줍니다 엄마에게 와서 안기면 안아 주세요 엄마에게 안기지 않고 떼쓰는 모습을 보이면 잠시 놔둡니다 떼부림이 진정이 되면 "엄마랑 약속했었지? 약속은 지키는 거야, 다음엔 약속 잘 지켜 보자" 격려해 주세요
약속을 했음에도 표시선 바깥으로 나갔다면, 과감히 TV를 끕니다 약속은 지키는 것이라는 것을 행동을 통해 알려 줍니다

친구 초대해 놓고 서로 내 거라 싸우는 아이에 대한 화 줄이기

단짝 친구를 집에 초대한 아이
자신의 장난감을 꺼내 놓고 자랑합니다
친구가 만지려 하자 "이건 안 돼! 내 거야!"
하나의 장난감을 가지고 티격태격합니다
"내가 먼저 잡았어!" "내가 먼저 할 거야!"

아이들이 싸울 때마다 엄마가 방에 들어와 중재를 해 주지만
아이들의 태도는 달라지지 않습니다

친구가 떠난 후 엄마는 아이에게 말합니다
"♡♡가 좋아하는 친구를 불러놓고 그렇게 싸우면 어떡해! 다음부터는 싸우지 말고 사이좋게 놀아야 해 알았지?"
아이도 "네" 대답을 합니다

다음 날도 친구가 집에 놀러 왔습니다

아이는 엄마의 말을 까마득히 잊은 것같이 어제와 같은 행동을 반복합니다
"안 되겠다! 친구는 친구 집으로 가자!"

친구를 초대해 놓고 사이좋게 지낼 수 있는 방법, 이제는 다르게 해 볼게요

친구가 초대되어 집으로 오면 엄마는 아이 둘을 세우고 아이들의 눈높이를 맞추어 말합니다 (혹 상대방 아이의 엄마가 있다면 이 부분에 대하여 미리 합의를 보는 것이 좋겠어요)
"장난감은 나 한 번, 너 한 번 이렇게 번갈아 가며 가지고 노는 거야"
"장난감 빌려달라고 하면 빌려주고 다 놀고 나면 다시 친구를 주는 거야"
"장난감으로 서로 싸우면 더 이상 놀 수가 없어"
"약속할 수 있지? 약속하는 거야!"
아이들도 반드시 "네"라는 대답을 하도록 합니다

혹 장난감 하나로 티격태격하는 모습을 보인다면 다시 아이들을 마주하고 약속을 언급해 주세요 그럼에도 불구하고 서로

싸우는 모습을 보인다면 과감하게 헤어집니다

약속을 잘 지키고 사이좋게 즐겁게 논 아이들에게는 헤어지기 전에 이렇게 말해 줍니다
"엄마가 말한 약속을 잘 지켜 주었구나~ 그래서 더 즐겁고 기분 좋게 놀 수 있었지?"
"다음에도 이렇게 즐겁게 놀아 보자~"
약속을 잘 지켜 준 아이들을 격려하고 지지해 주세요

형제자매의 질투,
싸움에 대한 화 줄이기

1 큰아이의 영역과 공간, 장난감을 구분 지어 주세요

"여기는 형아 공간이어서 형아 허락 없이는 들어갈 수 없어"
"이건 형아 거라서 형아가 허락해야 만질 수 있단다"
"이건 언니 거라서 엄마도 언니 허락 맡아야 해"
"형아~ 이거 해도 될까?" 하는 질문에 안 된다 하면 그대로 존중해 주세요
"형이 지금은 빌려주고 싶지 않은가 봐, 형아~ 다 하고 나서 동생 빌려줘"

작은 아이의 영역과 공간도 구분 지어 주세요
"여기는 동생의 공간이야, 형아 역시도 이곳에 들어오고 싶으면 동생에게 물어봐야 해"
"동생 장난감을 만져 보고 싶으면 먼저 물어보는 거야"

서로가 느낄 수 있는 좌절감을 최소화해 주세요

"그건 언니 거라서 안 되지만 엄마랑 ♡♡가 좋아하는 것 뭐 있을까 같이 찾아보자!"
"이건 동생 거라서 동생이 더 가지고 놀고 싶은가 봐~ 그동안 형아는 형아 것 가지고 놀고 있을까?"
안 되는 것, 못 하는 것에 머물러 있지 마시고 다른 것으로 눈을 돌려 주세요

자신의 영역을 존중받고 자신의 장난감을 존중받는 느낌은
'엄마가 나를 존중해 주는구나, 엄마가 나를 사랑하는구나'로 느낍니다
그래서 형 동생에게 양보하라고 말하지 않아도 자연스레 마음이 열리게 되지요

2 동생을 괴롭히는 큰아이의 행동에 내재된 마음은 '질투심'임을 알아주세요

동생을 괴롭히는 큰아이의 행동에 담긴 마음을 알아주는 말을 자주 해 주세요

"엄마가 동생을 더 사랑한다고 느꼈구나!"

"동생처럼 너도 엄마에게 안기고 싶은 거구나!"

"동생만 안아 주는 것 같아서 ♥♥가 불안한 마음이 들었구나!"

"엄마는 여전히 너를 사랑하는데 어떻게 하면 네가 엄마 사랑을 더 많이 느낄 수 있을까? 한번 생각해 보자, 그리고 좋은 생각이 있으면 엄마에게 말해 줘 엄마가 기꺼이 들어줄게"

질투심 때문이라는 것을 알지만 이 감정을 다루어 주지 않으면 행동 제지를 해도 효과가 없습니다

행동교정을 하기 전에 아이의 마음 헤아려 주세요

3 엄마가 보지 않을 때 동생을 때린 첫째에 대해서는 이렇게 다가가 주세요

"동생이 언니에게 뭐 잘못한 것이 있나 보구나~ 그럴 땐 때리고 밀치는 게 아니라 '그건 언니 거야' '만지지 마' 하고 말하는 거야, 그래도 동생이 언니 말을 듣지 않으면 엄마에게 와서 말해 줘 엄마가 딱! 도와줄게"

아이가 동생을 때리지 않고 말로 표현하거나 엄마에게 와서 도움을 요청했다면 놓치지 않고 짚어 말해 주세요
"엄마가 알려준 대로 말로 잘 해 줬구나~ 정말 잘한 일이야"
"그렇게 말로 해 주니까 엄마가 딱! 도와줄 수 있잖아, 그리고 엄마도 기쁘고 언니도 기쁘고 동생도 기쁠 거야"

동생을 괴롭히는
큰아이의 행동에 대한 화 줄이기

언니가 좋아서 다가가는 동생, 이때다 하고 언니는 동생을 발로 밀어 버리거나 머리를 때립니다
동생은 울음을 터뜨립니다
동생을 괴롭히는 언니에게
"너 자꾸 왜 동생을 괴롭혀!"
"한 번만 더 동생 괴롭혀 봐 혼날 줄 알아!"
"엄마가 동생 때리지 말라고 몇 번이나 말하니!"
아무리 화내고 말해 봐도 통하지 않는 것 같습니다
언니가 좋아서 다가가는 동생에게 언니는 왜 그런 공격적 행동을 보였을까요

동생이 다가오는 것을 마치 적군이 자신을 향해 달려오는 것 같이 느낍니다
내 장난감을 빼앗을 것 같은 불안감이 요동하여 동생을 저지하는 행동을 한 것입니다
언니의 행동에 담겨진 마음을 엄마가 먼저 알아차리는 것이

언니의 행동에 변화를 일으키는 열쇠입니다

"동생이 언니 장난감을 **빼앗아 갈까 봐** 그랬구나"
"동생은 언니가 **좋아서**, 언니와 **함께** 있고 싶어서 그랬던 거야"

"동생아~ 언니 장난감은 언니 허락 없이는 가져가면 안 되는 거야"
"언니야~ 동생이 다가가면 동생 예쁘다 머리 쓰다듬어 주고 안아 주자, 그리고 동생에게 장난감 하나 빌려주면 동생 마음이 참 기쁠 거 같아, 언니도 기쁘고 엄마 마음도 기쁠 것 같아"

언니의 마음, 활짝 열리겠지요

양치할 때, 목욕할 때,
안 한다고 울고
도망 다니는 아이에 대한 화 줄이기

"너 빨리 안 와!"
"지금 당장 해야 하는 거야!"
"셋 셀 때까지 얼른 와!"

엄마의 말을 당장 따르지 않는 아이에게 목소리가 커집니다
아이는 과연 엄마의 말에 기분 좋게 따를 수 있을까요

아이에게 화난 엄마는 아이를 마주하는 눈빛이 무섭습니다
특히 양치질을 해 줄 때에도 엄마 눈과 아이 눈이 마주하게 되지요
엄마에게 온전히 맡겨진 아이는 엄마 눈만 바라볼 뿐입니다
그 눈빛은 솔직히 마주하고 싶지 않을 만큼 매섭게 느껴집니다
눈빛을 바꾸지 않으면 어쩌면 이 악순환이 계속될지도 모릅니다

화가 났는데 눈빛을 어떻게 바꾸냐고요?

그래서 선행되어야 하는 것이 있어요
엄마의 상태를 **말로** 알리는 것입니다

"♡♡아, 엄마는 ♡♡와 기분 좋게 치카하고 싶어, 엄마가 도와줄게, ♡♡도 엄마를 도와주면 좋겠어"

이때 또한 아이 눈을 마주하고 나긋한 목소리로 아이에게 요청을 한다면
아이도 엄마를 도와줄 힘이 납니다

악순환의 고리, 이제는 끊을 수 있습니다!

"엄마도 좀 자자!"

육아에 지쳐, 잠 욕구가 강한 엄마는 아침잠도 늦게까지 자고 싶고 중간 중간 쉬고 싶고 눕고 싶은 마음이 가득합니다
하지만 아이는 엄마와 계속 놀고 싶어 하고 엄마가 누워 버리면 징징거리고 웁니다
피곤에 지친 엄마는 화가 폭발합니다
"엄마도 좀 쉬고 싶다고! 가서 혼자 좀 놀아!"

엄마가 눈 뜨고 자신과 같이 놀면 좋겠다는 바람이었고
엄마에게 눈 감지 말라고 말했음에도 눈을 감아 버리는 엄마에게 아이는 자신의 요구가 묵살된 좌절감을 경험합니다
그래서 징징거리면서, 때론 울면서 엄마를 흔들어 봅니다
엄마의 화는 또 폭발할지도 모릅니다

이 상황에서 어떻게 화를 줄일 수 있을까요

아이에게 정중히 부탁을 해 주세요 이때도 **아이 눈을 꼭 맞춥니다**

"♡♡가 잠시 엄마 눈 감고 쉴 수 있게 해 주면 좋겠어, 그러면 엄마가 힘이 나서 ♡♡와 더 잘 놀아 줄 수 있을 것 같아"
"엄마 눈 감는 게 무서우면 엄마 손을 꼭 잡고 있어도 좋아"
"엄마 옆에서 장난감 가지고 얼마든지 놀아도 돼"
"엄마가 쉴 수 있게 ♡♡가 도와주는 것이 사랑이야"

아이가 엄마를 잘 쉬게 해 주었다면 놓치지 않고 말해 주세요
"덕분에 엄마가 잘 쉬었어, ♡♡랑 더 즐겁게 놀 수 있겠는걸~"

자기 전 울거나 장난치는 아이, 재우는 데 오래 걸리는 아이에 대한 화 줄이기

"이젠 잘 시간이야" 하는 엄마의 말에 "네" 하고 누워서 한 번에 잠잘 수만 있다면 얼마나 좋을까요
하지만 아이들의 세계는 다른 모양입니다
침대 위에서 뛰어놀고 싶어 하고 누워 있는 엄마를 타고 오르고 형제자매가 있으면 서로 깔깔 대기도 합니다
자려고 누운 건지 놀이가 다시 시작된 건지 참다 참다 엄마는 화가 납니다

"이젠 자는 시간이라고!"
"조용히 하고 좀 자!"
"너 안 자고 놀면 엄마 나가 버릴 거야!"

반복되는 패턴을 한번 바꾸어 볼게요

잠자러 가기 전, 방문 앞에 아이를 세웁니다 그리고 아이 눈에 엄마 눈을 마주해 줍니다

"지금은 자는 시간이야"
"침대에서 뛰는 시간이 아니야"
"엄마 타고 오르는 시간도 아니야"
"누워서 코 자는 시간이야"
"엄마 손을 잡고 자는 것은 얼마든지 할 수 있어"
"자리에 누워서 조용히 코 자는 거야 약속!"

아이 눈에 엄마의 말을 꼭꼭 집어넣어 주는 느낌으로 말해 줍니다

그리고 '그렇게 할 수 있을 거야, 넌 할 수 있어'라는 마음으로 아이 등을 부드럽게 쓰다듬고 격려해 주세요

엄마의 잔소리가 없어도 조용히 잘 수 있는 날이 올 때까지 이 약속은 매일 반복해 주세요

아이에 대한
한 가지 다짐

현재 아이에게 힘든 부분이 있나요
바뀌었으면 좋겠다는 간절한 부분이 있나요
엄마의 기대에 못 미쳐서 마음이 어려운 부분이 있나요

한번 쭉 나열해 보셔요
그리고 이것만큼은 내가 아이를 도와주어야겠다고,
그것도 화내고 혼내지 않고 따뜻하게 인내심을 가지고 끝까지
가보자는 심정으로 해 봐야겠다 싶은 것 한 가지를 정해 보셔요

그리고 어떻게 도와주면 좋을지
잘 보이는 곳에 적어 봅시다
잊어버리지 않게
늘 되뇔 수 있게

하나씩 해 보는 거예요!

놀이하기 전 황희에게 말해주기!

"동생 놀고있는 것 망가뜨리지 않기 약속!"

"동생이 싫어하는 것 하지 않기 약속!"

→ 더 즐겁고 재밌게 함께 놀수 있어!

아이 때문에
미치지 말자

화 줄이기
실전 편

화 줄이기 실전 편 1

Q

42개월 남아예요 애착이불을 밥 먹으면서까지 들고 와요 아무리 들고 오지 말라고 말하고 화내도 통하지 않아요

어떻게 하면 좋을까요?

A

애착이불을 한 번에 떼기에는 무리가 있어요 아이의 불안감이 더 커질 수 있거든요

우선은 점진적 과정이 필요합니다

밥상에까지 이불을 가져오면 **아이 눈을 마주하고** 말해 주세요
"이불은 가져올 수 있지만 식탁 아래에 놔두고 밥 먹을 거야"
중간 중간 이불을 찾으면 식탁 아래에 있음을 확인시켜 주세요
이 부분이 수월하게 이루어지면 이젠 공간을 지정해 주세요
"애착이불은 애착이불 집에 있도록 해 주자"
애착이불 집이 될 만한 것(아이와 함께 집이 될 만한 것을 만들어도 좋겠고 인디언텐트를 이용해도 좋겠어요)을 마련해 주고 애착이불은 애착이불 집에 있어야 함을 알려 주세요 "♡♡가 이불을 만나고 싶을 땐 언제든 가서 만나고 오면 돼" 안심시켜 주세요

화 줄이기 실전 편 2

Q

48개월 남아인데 엄마 가슴 집착이 있어요 하루 종일 만지려 해요
못 하게도 해 보고 화도 내 보는데 달라지지 않네요

A

엄마 가슴에 집착하니 엄마가 얼마나 힘드실까요
그치만 갑자기 중단하는 건 아이에게 큰 어려움이 될 거예요
이때도 점진적 과정이 필요합니다

아이에게 미리 말을 해 주세요

"엄마 찌찌를 만질 수 있는 시간이 있어, 그때는 아침, 점심, 저녁 밥 먹기 전(언제라도 상관없어요 아이가 알아듣기 쉽게 시간을 알려 주는 것에 초점을 두세요) 만질 수 있어, 그때 말고는 코코 자도록 잘 두어야 한단다, 혹시 엄마 찌찌가 너무 만지고 싶으면 엄마에게 말해 줘 엄마가 꼬옥 안아 줄게"

일관성으로 안정감을 주시고 대안을 통해 안심할 수 있게 지지해 주세요

하루 3번이 잘 된다 싶으면 하루 2번으로, 그러다 하루 1번으로 줄여 가시면 됩니다

아이에게 엄마 찌찌를 대신할 수 있는 새 장난감을 직접 골라 보게 하는 것도 좋아요 "엄마 찌찌 만지고 싶을 때마다 이 장난감을 꼭 안아 주는 거야, 어때? 좋지!"

엄마 가슴을 만지는 횟수가 줄었다면 꼭 말해 주세요

"오늘은 엄마 가슴 2번만 만지고도 괜찮았나 보구나~! 덕분에 엄마 찌찌가 편안하게 잘 지내고 있대~"

화 줄이기 실전 편 3:
목록 작성하기

아이로 인해 화가 날 때의 목록을 살펴보고 이것만큼은 화를 줄일 수 있겠다 싶은 몇 가지를 골라봅니다

1 아기들이 일찍 일어나서 난리칠 때
2 밥 얌전히 안 먹고 돌아다니고 음식 던질 때
3 둘째 재웠는데 깨울 때
4 기저귀 벗고 돌아다닐 때
5 어지를 때 (안방, 거실, 부엌)
6 졸린데 안 자고 계속 칭얼거릴 때
7 다칠 때 (손가락 끼임, 떨어짐, 부딪힘 등)
8 씻고 옷 안 입고 돌아다니면서 장난칠 때

2번과 5번 8번을 살펴볼게요

'약속'을 통해 밥 얌전히 먹도록 도와주기

아이를 식탁에 앉히기 전 **아이와 눈을 맞추고** 천천히 또박또박 말해 줍니다

"밥 먹을 때 돌아다니면 안 되는 거야, 밥 먹을 때 돌아다니지 않기 약속!"

"음식은 던지는 게 아니라 꼭꼭 씹어 맛있게 먹는 거야, 알겠지?"

"♡♡은 충분히 할 수 있어~!"

아이를 지지해 주고 식탁에 앉힙니다

움직이려는 시도가 보이고 밥을 먹지 않고 던진다면

아이를 식탁의자로부터 내려서 엄마 눈을 마주하고 '약속'에 대한 부분을 다시 언급합니다

이때는 하나 더 추가해 주세요

"엄마와 약속을 지키지 않으면 밥 그만 먹는 거야, 알았지?"

아이도 "네" 대답을 해야 합니다

약속을 잘 지켰다면 칭찬을 합니다

"엄마와의 약속을 잘 지켰네~ 밥을 잘 먹어서 키가 쑥쑥 자라겠는걸!"

약속을 지키지 않았다면 밥을 그만 먹도록 하고 아이를 자리에서 내려 주세요

"의자에 잘 앉아서 밥 먹기로 약속했는데 약속을 지키지 않아서 이제 밥 그만 먹는 거야"

#️⃣ '한계설정'을 통해 아이가 놀 수 있는 공간을 정해 주기

"장난감은 거실에서만 갖고 노는 거야"
"장난감은 이 울타리 안에서만 갖고 노는 거야"
"장난감은 장난감방에서만 갖고 놀 수 있어"
이 또한 아이의 눈을 마주하고 아이의 눈에 엄마 말을 꼭꼭 집어넣어 준다는 느낌으로 알려 주시면 됩니다

#️⃣ 씻고 나서 수건으로 아이 몸을 닦기 전,
　　수건으로 아이 몸을 감싸고 아이 눈을 바라보고 말하기

"이제 옷 입을 거야"
"옷 입고 노는 거야"
"옷 입어야 놀 수 있어"
"옷 입을 시간인데 엄마한테 협조해 줄 수 있지?"
엄마 말을 한 번에 따라 주었다면 놓치지 않고 칭찬합니다
"엄마 말 한 번에 잘 따라 주어서 고마워~ 이제 신나게 놀아도 돼"

화 줄이기 실전 편 4:
목록 작성하기

1 시간은 정해져 있는데 따라 주지 않을 때
2 동생과 싸울 때
3 끊임없이 이야기할 때
4 듣고도 보고도 모른 척할 때
5 약속을 지키지 않을 때

2번과 5번을 살펴볼게요

> **#** 동생과 싸울 때

형제자매가 싸우게 되는 주된 원인은 '소유권, 소유욕'에 대한 부분이에요
아이 둘을 세우고 엄마는 아이들 눈높이를 맞춥니다
"장난감 서로 하겠다 싸우면 그 장난감은 아무도 갖고 놀 수가 없어,
오빠 한 번 하고 나면 동생 주고, 동생 한 번 하고 나면 오빠 주는 거야, 할 수 있지?"

그렇게 할 수 있게 아이들을 지지하는 태도를 보입니다

그리고 오빠 한 번, 동생 한 번 할 수 있도록 엄마가 곁에서 도와주는 것이 필요해요

이 연습이 이루어지면 엄마가 엄마 일을 할 때에도 서로 싸우는 횟수가 줄어들 거예요

엄마 일이 끝나고 돌아와 아이들을 마주했을 때, 아이들이 싸우지 않고 장난감을 서로 번갈아 잘 가지고 놀았다면 꼭 칭찬해 줍니다

"엄마 없이도 둘이서 장난감을 잘 가지고 놀았구나~ 엄마 마음이 참 기쁘고 좋아"

약속을 지키지 않을 때

엄마의 일방적 통보가 아닌 '약속 따라 말하기'를 통해 아이에게도 약속을 받아야 함이 중요합니다

"장난감은 던지지 않는 거야 약속!"

"엄마 따라 해 보자, 장난감 던지지 않겠습니다"

아이도 따라 말하도록 합니다

"좋았어! 엄마와 약속 꼭 지키는 거야!"

"약속을 지키지 않으면 던졌던 그 장난감하고는 오늘 못 노는 거야 알았지!"

아이도 "네" 대답하게 합니다
그러함에도 약속을 지키지 않았다면 한마디만 해 주세요
"엄마와의 약속을 지키지 않았기 때문에 오늘은 이 장난감을 가지고 놀 수 없어"
약속을 잘 지킨 아이에겐 칭찬을 합니다
"엄마와의 약속을 잘 지키고 장난감을 잘 가지고 놀았구나~ 정말 잘했어"

화 줄이기 실전 편 5: 목록 작성하기

1 동생을 괴롭힐 때
2 동생이 손에 들고 있는 장난감을 갖고 가서 동생이 울 때
3 장난감을 바닥에 이리저리 가득 널어놓았을 때
4 정리하자고 하면 싫다 하고 도망갈 때
5 엄마가 계속 불러도 오지 않을 때

4번과 **5**번을 살펴볼게요

> **#** 정리하자고 하면 싫다 하고 도망갈 때

'정리하자'는 말에 아이는 왜 도망가고 정리하지 않는 걸까요
우선은 더 놀고 싶은 마음이 있겠고 다른 하나는 정리를 어떻게 해야 하는지 몰라서 그렇겠지요
그래서 정리에 대해 구체적으로 접근해 줄 필요가 있어요
아이 눈을 마주하고 아이 눈에 엄마 말을 꼭꼭 집어넣어 준다는 느낌으로 말을 합니다

"변신자동차는 변신자동차 바구니에, 블록은 블록통에 집어넣는 거야"
"엄마는 책을 책꽂이에 꽂을 테니 ♡♡는 변신자동차를 변신자동차 바구니에 넣어 줘"
"엄마랑 ♡♡가 같이 정리하니 정리가 금방 끝났네!"
"같이 정리하니까 더 신난다 그렇지? 우리 내일도 잘해 보자!"
함께 정리하는 것에 대한 기쁨을 표현함으로써 다음번에 대한 아이의 행동을 강화시켜 주세요

엄마가 계속 불러도 오지 않을 때

한 번, 두 번, 아이의 이름을 불렀는데도 들은 척도 않고 오지 않을 땐 엄마가 움직여 주세요
그리고 아이가 지속하던 행동을 멈추게 하고 엄마의 눈을 마주하게 합니다
"엄마가 부르면 '네' 하고 오는 거야"

아이가 올 때까지 아이 이름을 부르다 보면 화가 날 확률이 커집니다
그래서 한 번 불렀을 때 대답하지 않으면 엄마가 아이를 향해 움직여 주세요
놀이에 집중하느라 엄마 목소리가 안 들렸을 수 있으니까요
엄마 목소리는 들었겠지만 지금 하던 것을 계속하고 싶어 하는 아이의 욕구가 크게 작용하니까요

나의 화 줄이기:
목록 작성하기

1
2
3
4
5

목록 중 '화 줄이기'가 가능한 부분을 골라보고
다르게 대처해 보도록 적어 봅시다

에필로그

친구와 놀고 싶었던 마음이 거절되었더라도
엄마만큼은 거절 말아야겠지요

자신의 말이 외면당했을지라도
엄마만큼은 아이 말에 귀 기울여야겠지요

세상에 믿을 사람 하나 없다 생각되더라도
엄마만큼은 아이에게 믿어 주는 사람으로 통해야겠지요

엄마인 나마저 외면해 버린다면
엄마인 나마저 무시해 버린다면

아이의 마음은 얼마나 광야 같을까요

반복 질문을 하든
엄마를 수십 번 부르든

따뜻하게 반응해야겠습니다

역시 엄마라 느낄 수 있게
역시 엄마다 믿을 수 있게
말이죠

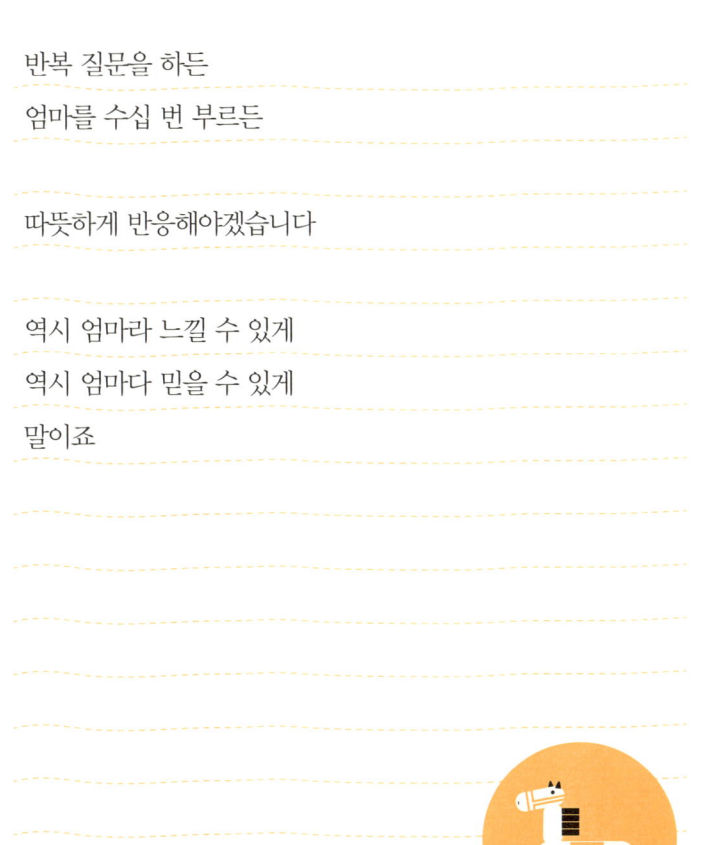